权威·前沿·原创

皮书系列为
"十二五""十三五""十四五"时期国家重点出版物出版专项规划项目

BLUE BOOK

智库成果出版与传播平台

就业蓝皮书

BLUE BOOK OF EMPLOYMENT

2025 年中国本科生
就业报告

CHINESE 4-YEAR COLLEGE GRADUATES' EMPLOYMENT
ANNUAL REPORT（2025）

主　编／麦可思研究院

社会科学文献出版社
SOCIAL SCIENCES ACADEMIC PRESS（CHINA）

图书在版编目（CIP）数据

2025 年中国本科生就业报告 / 麦可思研究院主编；王伯庆，王梦萍执行主编 .-- 北京：社会科学文献出版社，2025.6.--（就业蓝皮书）.--ISBN 978-7-5228 -5473-1

Ⅰ .G647.38

中国国家版本馆 CIP 数据核字第 2025NP3222 号

就业蓝皮书
2025年中国本科生就业报告

主　　编 / 麦可思研究院
执行主编 / 王伯庆　王梦萍

出 版 人 / 冀祥德
责任编辑 / 桂　芳
责任印制 / 岳　阳

出　　版 / 社会科学文献出版社·皮书分社（010）59367127
　　　　　　地址：北京市北三环中路甲29号院华龙大厦　邮编：100029
　　　　　　网址：www. ssap. com. cn
发　　行 / 社会科学文献出版社（010）59367028
印　　装 / 三河市东方印刷有限公司

规　　格 / 开　本：787mm×1092mm　1/16
　　　　　　印　张：14.25　字　数：210千字
版　　次 / 2025年6月第1版　2025年6月第1次印刷
书　　号 / ISBN 978-7-5228-5473-1
定　　价 / 128.00元

读者服务电话：4008918866

编 委 会

研究团队　麦可思研究院

　　　　　南方科技大学高等教育研究中心

主　　编　麦可思研究院

执 行 主 编　王伯庆　王梦萍

撰 稿 人　曹 晨　王 丽　王昕伦

主编简介

　　麦可思研究院成立于2012年，是麦可思公司的知识中心，麦可思研究院作为麦可思公司唯一的智囊及知识管理中心，全力负责发展麦可思公司的大学生就业研究项目，独立自主开发工具、调研，并运用第三方调研结果开展研究；承担麦可思公司的机构类合作研究项目，亦承担麦可思公司监测类产品独立研发工作。麦可思研究院是《中国本科生就业报告》《中国高职生就业报告》（即已经连续17年由社会科学文献出版社公开出版的就业蓝皮书，原书名为《中国大学生就业报告》）的唯一撰稿人。

摘　要

《2025 年中国本科生就业报告》综合分析了 2024 届本科毕业生的就业状况，从本科生的毕业去向、就业结构、就业质量、职业发展、升学情况、灵活就业、能力达成、对学校的满意度等多个维度进行深入探讨。

2024 届高校毕业生规模再创新高，就业形势持续承压，本科生毕业去向落实率为 86.7%，就业总体呈现稳定态势，毕业生择业与升学呈现更理性与多元的趋势，"双一流"院校毕业去向落实率达 91.9%，地方本科院校为 85.6%。毕业生境内读研比例上升，准备考研比例降低，留学比例回升；灵活就业比例增至 5.8%，自由职业和自主创业增多，其中依托互联网新业态就业的比例有所提升。就业重心向地级及以下城市倾斜，比例升至 63%，民企在非一线城市就业中发挥主导作用，占比达 55%。

新兴产业发展驱动就业结构持续优化，数字技术、战略性新兴产业提供较多高质量岗位。电子电气设备、机械设备、交通运输设备制造业就业占比升至 12.1%，相关岗位薪资领先，2020~2024 年涨幅超过 120%。半导体、智能制造、新能源等领域专业就业优势明显，微电子、电气工程等专业连续三年被评为绿牌专业，毕业生月收入普遍达 6900 元以上。数字经济兴起带动新媒体运营、创意设计等新职业增长，对毕业生数字素养与跨界能力的要求提高，高校教学改革迎来新契机。

数字技术推动产业升级，高校专业设置加速调整以适配国家战略和区域经济需求。"双一流"高校新增人工智能、集成电路等瞄准国家战略与科技前沿的专业，着力解决国家关键技术难题。地方高校专业布局紧密结合区域

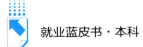

产业需求，如安徽等地高校增设智能制造、数字经济、新能源材料等专业，但仍存在部分高校专业设置同质化问题，部分地方本科高校盲目开设热门专业，教学内容滞后于产业需求，毕业生满意度偏低，显示出专业建设需加强系统性评估与特色发展。

新技术驱动岗位能力重塑，市场对复合型人才需求增加。本科毕业生能力需求呈现"高阶认知＋社交互动＋数字技能"融合趋势，判断决策、解决复杂问题和沟通协作类能力显著上升；基础数字技能需求依然强劲。能力胜任情况数据显示，谈判、疑难排解、编程等关键能力满足度仍有不足。跨学科协同培养缺乏，理工类专业课程更新缓慢、前沿性不足，人文社科类实践教学薄弱。高校需深化课程改革和跨界实践，加强人才培养与产业需求的精准对接，全面提升毕业生适应未来就业环境的综合能力。

关键词： 本科生　就业选择　产业结构优化　能力重塑

目 录 ▷

Ⅰ 总报告

Ⅱ 分报告

Ⅲ 专题报告

皮书数据库阅读**使用指南**

总 报 告

B.1

2024 年本科毕业生就业发展趋势与成效

摘 要： 2024 年高校毕业生规模再创历史新高，在就业形势持续承压的背景下，毕业去向落实率（86.7%）保持稳定，月收入（6199 元）稳步增长，就业满意度升至 81%。毕业生的择业和升学决策更趋向理性、多元化，境内读研比例稳中有升（2024 届 18.4%），读研决策更加理性；留学比例稳步回升至 2.0%，回流留学人才对就业质量形成有效支撑；灵活就业比例达 5.8%，其中依托互联网新业态就业的比例有所提升。就业重心持续下沉，中小型城市吸纳能力增强，在民营企业就业的比例持续提升，就业结构进一步优化。新兴产业特别是高技术制造、新能源、数字经济等领域带动岗位增长，相关专业薪资与发展潜力突出。高校专业布局积极响应国家战略与地方产业升级，但专业重复设置与课程更新滞后问题仍需警惕。人工智能等技术加速重构岗位能力结构，复合型人才受到青睐。高校需强化课程改革、实践教学和跨学科融合，提升人才培养的匹配度与前瞻性。

关键词： 就业多元 结构优化 数字化转型 复合型人才培养 本科生

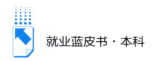

麦可思自 2007 年开始进行大学毕业生跟踪评价，并从 2009 年开始根据评价结果每年出版"就业蓝皮书"，迄今已连续 17 年出版"就业蓝皮书"。本报告基于应届毕业半年后、毕业五年后的跟踪评价数据，分析本科毕业生的就业发展趋势与成效，回应政府、媒体、本科院校师生以及社会大众关注的问题，并为本科人才培养的持续改进提供参考建议。

一　毕业生就业选择更理性、多元，
就业重心持续下沉

2024 年高校毕业生人数再创历史新高。在就业形势持续承压的背景下，毕业生的择业和升学决策更趋向理性、多元化，毕业去向落实率（86.7%）保持稳定。"双一流"高校毕业生去向落实率达 91.9%，地方本科高校为 85.6%。与此同时，毕业生就业质量稳步提升，2024 届平均月收入为 6199 元，扣除物价因素后较 2020 届实际增长 9.7%；就业满意度提升至 81%，地方本科院校首次超过"双一流"高校，二者分别为 81%、78%。

境内读研比例持续上升，毕业生考研决策更加理性。2024 届本科毕业生境内读研比例达 18.4%，其中"双一流"高校达 39.5%。与此同时，脱产考研比例由 2022 届的 6.7% 降至 2024 届的 4.6%，反映出考研降温，毕业生更加重视读研价值与职业规划的契合度。

留学比例稳步回升，归国人才正成为民企的重要引擎。2024 届本科毕业生留学比例为 2.0%，高于前四届，接近 2019 届（2.2%）水平。其中"双一流"院校留学比例为 4.3%。2019 届留学生中有 74% 在毕业五年内回国，40%进入民营企业，表现出较强的技术应用和跨文化协同能力，为民企拓展国际市场、技术创新提供了重要支撑。

新业态灵活就业比例增多。灵活就业包括受雇半职工作、自由职业和自主创业等形式。2024 届本科毕业生选择灵活就业的比例为 5.8%，2024 届比2020 届增长近三分之一。其中，自主创业比例为 1.6%，五年后（2019 届）升至 2.8%，91% 的创业者拥有雇员，体现出灵活就业对扩大就业容量的结构性

支撑作用。数字经济、新型文化业态等领域对灵活就业毕业生的分流作用进一步扩大，其中，2024 届受雇半职工作、自由职业群体依托互联网平台实现新形态就业的比例为 34%，自主创业群体这一比例为 24%，相比 2022 届（分别为 29%、19%）均有明显提升。

就业重心持续下沉，中小型城市吸纳能力增强。应届本科生的就业重心呈现向地级及以下城市倾斜的趋势。2024 届本科毕业生在地级及以下城市就业的比例上升至 63%，较 2020 届提高 7 个百分点。非一线城市依托对特色产业集群的持续培育，为毕业生提供了更多优质岗位，成为就业的重要承接地。民营企业作为主要吸纳力量，在推动就业下沉中发挥了关键作用，在非一线城市就业的本科毕业生中，民企占比由 2020 届的 50% 提升至 2024 届的 55%。

二　新兴产业驱动就业市场结构调整，注入就业新动能

数字技术和战略性新兴产业迅猛发展，为本科毕业生提供了大量新就业机会，推动就业结构不断优化。新质生产力相关领域高速增长，带动新兴岗位生成与传统岗位升级，并成为薪酬提升与就业满意度提升的关键支撑力量。

新兴数字技术岗位需求快速增长。2024 届本科毕业生在电子电气设备、机械设备、交通运输设备制造业的就业比例持续上升，从 2020 届的 9.5% 升至 2024 届的 12.1%。上述领域毕业生的月收入也居于领先位置，分别为 7463元、6672 元、7143 元，五年涨幅均超过 120%。以集成电路、智能制造、自动化控制等为代表的前沿技术岗位正快速替代部分传统岗位，毕业生向高附加值技术岗位集聚的趋势日益明显。

与产业优化升级紧密相关的专业就业优势明显。面向半导体与集成电路、智能制造、新能源等领域的专业整体薪资领先，电子信息类、机械类、电气类、仪器类、自动化类专业月收入均在 6900 元以上，位居本科专业前列。2025 年绿牌专业榜单显示，微电子科学与工程、电气工程及其自动化等专业

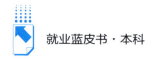

连续三年表现优异，充分体现了产业升级对高素质工程类人才的迫切需求。

数字经济催生新职业群体。在 AI、大数据、云计算等产业的驱动下，新媒体运营、创意设计等数字服务型岗位涌现，2024 届毕业生在文体娱乐、零售服务领域就业比例升至 9.2%。新职业的快速扩展对毕业生的数字素养、跨平台操作和内容创作能力提出了更高要求，也为高校课程与实践教学改革提供了契机。

三 数字技术驱动产业升级，专业结构动态适配产业变化

高校专业设置正加速响应国家战略和产业升级趋势，服务地方经济、区域发展和新质生产力的能力不断增强。

专业设置响应国家战略、产业升级和地方经济发展需求。以人工智能、储能科学、集成电路、新能源等为代表的新工科专业在"双一流"高校的设点显著增加，强化基础研究与战略技术攻关能力，支持国家关键核心技术突破。与此同时，地方本科院校则更注重对接本地经济发展方向与产业链关键环节，以安徽为例，开设智能制造、数字经济、交通设备、新能源材料等专业，紧密对接本地高端制造业和新兴产业发展需求，体现出专业布局与区域经济协同发展的导向。

专业设置避免同质化，课程体系亟待更新。部分地方本科院校在专业设置中存在盲目跟风的现象，导致专业重复设置与定位模糊。以数据科学与大数据技术专业为例，近五年新增专业点中 90% 以上由地方高校设立，且非理工类院校占比较高，部分院校课程内容与区域产业脱节，2024 届计算机类毕业生中有 50% 反映课程"不实用"，高于工科平均水平（42%）。数据显示，该类高校该专业毕业生就业质量和教学满意度偏低，反映出专业设置缺乏系统性评估与产业契合度低。高校在增设专业时，应注重差异化定位和特色发展，结合区域经济发展、人才需求与自身办学基础，优化课程体系与资源配置，推动专业内涵式建设和结构优化。

四 新技术驱动岗位能力重塑，复合型人才培养提速升级

人工智能、自动化和大数据技术广泛渗透产业链，推动岗位能力结构从单一型向复合型转变，对高校人才培养方式提出新要求。

岗位需求趋向将"认知、社交与数字技能"融合的复合型人才。从近五年本科毕业生的 35 项基本工作能力重要度评价来看，判断决策、解决复杂问题等高阶认知类能力，以及人力资源管理、理解他人等沟通协作类能力的重要性显著上升；传统硬技能（如电脑编程）优势虽相对下降，但仍属基础性刚需。这一趋势反映出，具备"高阶认知＋人际互动＋数字基础"能力的复合型人才愈加受到青睐。不同专业背景的毕业生普遍面临能力结构升级要求：理工类毕业生需从传统的技术执行向系统决策与跨界创新转型；人文社科类毕业生则需由经验直觉驱动逐步转向数据理性驱动，以适应新一代岗位对综合素养的更高要求。

能力培养存在短板，需加强课程、实践与跨学科协同。从 2024 届本科毕业生的能力胜任情况来看，涉及沟通协作与复杂问题解决能力（如谈判技能、疑难排解、系统评估）的满足度（88%~89%）相对靠后，电脑编程能力作为数字时代的基础技能，满足度仍偏低，为 86%，数字素养提升效果相对滞后。不同类型专业存在各自短板：理工类课程更新滞后，前沿性、实用性不足；人文社科类实践教学薄弱，产学合作亟待加强。整体而言，本科阶段普遍缺乏跨学科学习机会和对新兴前沿领域的系统涉猎，在激发学习内驱力与培养终身学习能力方面仍有较大改进空间。人工智能等技术正加速重塑就业环境，高校需加快改革课程与培养体系，系统提升毕业生的核心能力与未来适应力。

分 报 告

B.2
2024 年本科生毕业去向分析

摘　要： 在经济与产业结构调整的背景下，2024 届本科毕业生去向具有多元性，受雇工作比例有所下降，自由职业、自主创业等灵活就业渠道持续分流，深造比例达 21.5%，准备考研的比例持续下降，读研选择更为理性。毕业半年后去向落实率稳中有升，2024 届达 86.7%，其中"双一流"院校 91.9%、地方本科院校 85.6%。区域层面，东部地区凭借其产业和教育优势，落实率（87.5%）保持领先，珠三角落实率（90.3%）位居榜首。学科与专业就业分层明显，受益于制造业数字化、智能化转型升级，工学类专业表现突出，其中能源动力类和电气类专业去向落实率分别为 96.4% 和 95.8%；而人文社科类专业则面临"慢就业"情况突出。未就业群体中，待就业增多，反映部分毕业生在求职中面临挑战。

关键词： 毕业去向落实率　多元就业　区域差异　待就业　本科生

一　毕业去向分布

毕业半年后：2024 届毕业生毕业第二年（即 2025 年）的 1 月左右。麦可思在此时展开跟踪评价。此时毕业生的就业状况趋于稳定，有工作经历的毕业生也能够评估工作对自己知识、能力的要求水平。

毕业五年后：麦可思于 2024 年对 2019 届大学毕业生进行了五年后跟踪评价（曾于 2020 年初对这批大学毕业生进行过半年后跟踪评价），本报告涉及的五年变化分析使用上述两次对同一批大学生的跟踪评价数据。

毕业去向分布：麦可思将中国本科毕业生的毕业状况分为七类，即受雇工作、自由职业、自主创业、入伍、国内外读研、准备考研、待就业。其中，受雇工作包含受雇全职工作、受雇半职工作，受雇全职工作指平均每周工作 32 小时或以上，受雇半职工作指平均每周工作 20~31 小时。国内外读研包含正在中国境内读研、正在港澳台深造或国外留学、正在读第二学士学位。准备考研包含准备中国境内考研、准备到港澳台深造或国外留学。待就业包含"无工作，继续寻找工作""无工作，其他"。

院校类型：本报告中，本科院校类型被划分为"双一流"院校和地方本科院校。其中"双一流"院校为第二轮"双一流"建设高校 147 所，地方本科院校为除"双一流"建设高校以外的其他普通本科院校。

2024 年高校毕业生人数创历史新高，在就业形势持续承压的背景下，2024 届本科毕业生择业和升学决策更趋向多元化与理性。2024 届本科毕业生直接受雇比例降至 60.6%，较 2020 届下降 7.1 个百分点；与此同时，自由职业、自主创业的比例上升至 4.1%，国内外读研占比达 21.5%，比 2020 届增加 3.5 个百分点（见表 2-1）。反映了毕业生顺应经济结构调整与产业升级，对职业路径的择取更为多元，既有通过深造提升竞争力，也有利用新业态开展灵活就业的趋势。

表 2-1 2020~2024 届本科生毕业半年后的去向分布

单位：%，个百分点

毕业去向	2024 届	2023 届	2022 届	2021 届	2020 届	五年变化
受雇工作	60.6	62.0	62.2	65.3	67.7	-7.1
自由职业	2.5	2.2	2.0	1.7	1.7	0.8
自主创业	1.6	1.4	1.2	1.2	1.3	0.3
入伍	0.5	0.5	0.5	0.4	0.3	0.2
国内外读研	21.5	20.3	20.1	19.2	18.0	3.5
准备考研	5.4	6.2	7.1	6.5	5.8	-0.4
待就业	7.9	7.4	6.9	5.7	5.2	2.7

注：五年变化是指 2024 届的比例减去 2020 届的比例，下同。

资料来源：麦可思-中国 2020~2024 届大学毕业生培养质量跟踪评价。

"双一流"院校重点对接国家重大战略需求，科研导向明显，学生深造意愿较高。"双一流"院校 2024 届本科毕业生国内外读研比例达 45.4%，五年增长 9.8 个百分点；受雇工作比例为 44.3%（见表 2-2）。"双一流"院校是培养和输送科研后备力量的重要载体，对国家推进高水平科技自立自强具有重要支撑作用。

表 2-2 2020~2024 届"双一流"院校本科生毕业半年后的去向分布

单位：%，个百分点

毕业去向	2024 届	2023 届	2022 届	2021 届	2020 届	五年变化
受雇工作	44.3	47.1	48.1	50.8	53.9	-9.6
自由职业	1.2	1.2	1.1	0.9	0.9	0.3
自主创业	0.8	0.7	0.7	0.6	0.8	0.0
入伍	0.2	0.3	0.2	0.3	0.4	-0.2
国内外读研	45.4	42.3	41.0	39.3	35.6	9.8
准备考研	4.1	4.7	5.7	5.4	5.7	-1.6
待就业	4.0	3.7	3.2	2.7	2.7	1.3

资料来源：麦可思-中国 2020~2024 届大学毕业生培养质量跟踪评价。

地方本科院校毕业生直接就业依旧是主流。2024 届受雇工作比例为 63.9%，但较 2020 届下降 6.5 个百分点；与此同时，自由职业与自主创业比例升至 4.4%，就业路径呈现多元化趋势；选择国内外读研的毕业生占比 16.7%，较 2020 届提升 2.2 个百分点，准备考研比例有所回落，反映出深造决策更理性。然而，待就业比例增至 8.7%，较 2020 届上升 3.0 个百分点，说明部分毕业生在就业市场中处于相对弱势，需要在政策和服务上给予更多关注和支持。

表 2-3　2020~2024 届地方本科院校毕业生毕业半年后的去向分布

单位：%，个百分点

毕业去向	2024 届	2023 届	2022 届	2021 届	2020 届	五年变化
受雇工作	63.9	65.0	65.1	68.2	70.4	−6.5
自由职业	2.7	2.5	2.2	1.9	1.9	0.8
自主创业	1.7	1.5	1.3	1.3	1.4	0.3
入伍	0.6	0.6	0.5	0.4	0.3	0.3
国内外读研	16.7	15.8	15.9	15.2	14.5	2.2
准备考研	5.7	6.5	7.4	6.7	5.8	−0.1
待就业	8.7	8.1	7.6	6.3	5.7	3.0

资料来源：麦可思－中国 2020~2024 届大学毕业生培养质量跟踪评价。

毕业五年后，本科毕业生整体实现了充分就业，同时深造与多元就业路径并行发展。2019 届毕业生中，85.8% 已稳定受雇，其中"双一流"院校为 83.7%、地方本科院校为 86.2%；正在攻读研究生的比例为 5.9%，较 2018 届（5.0%）有所上升，且"双一流"院校毕业生深造比例显著升至 11.4%；自由职业和自主创业上，地方本科院校略高（分别为 1.8% 和 3.0%）（见图 2-1）。这反映了高水平院校的科研延伸和地方本科院校的灵活就业探索。

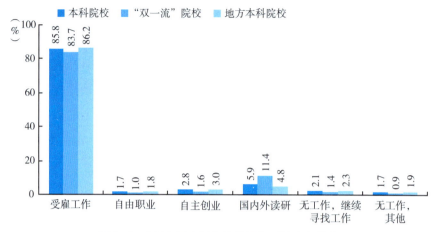

图 2-1 2019 届本科生毕业五年后的去向分布

资料来源：麦可思-中国 2019 届大学毕业生五年后职业发展跟踪评价。

二 毕业去向落实率

毕业去向落实率：本科生的毕业去向落实率＝已就业本科毕业生数／本科毕业生总数，其中已就业人群包括"受雇工作""自由职业""自主创业""入伍""国内外读研"。

2024 届本科毕业生毕业半年后的去向落实率保持平稳回升，就业总体稳定。数据显示，2024 届本科毕业生毕业半年后去向落实率为 86.7%，较 2023 届（86.4%）微增，连续三年稳中有升；其中，"双一流"院校毕业生去向落实率最高，2024 届达 91.9%，地方本科院校为 85.6%（见图 2-2）。建议高校、政府与企业持续完善协同机制，优化就业创业服务、拓宽渠道，并对就业困难群体实施精准帮扶。

区域：本研究基于国家统计局东、中、西部和东北地区划分标准，将中国内地 31 个省、自治区、直辖市分为四大地区，其中东部地区包括北京、天津、河北、上海、江苏、浙江、福建、山东、广东、海南 10 个省（市）；中部地区包括山西、安徽、江西、河南、湖北、湖南 6 个省；西部地区包括内蒙古、广西、重庆、四川、贵州、云南、西藏、陕西、甘肃、青海、宁夏、新疆 12 个省（区、市）；东北地区包括辽宁、吉林、黑龙江 3 个省。

图 2-2 2020~2024 届本科生毕业半年后的毕业去向落实率

资料来源：麦可思 - 中国 2020~2024 届大学毕业生培养质量跟踪评价。

三大经济区域：京津冀、长三角、珠三角地区是国家主要的人口聚集地和经济社会发展的重要引擎和增长极，对高校毕业生就业具有重要保障作用，本研究将其单独列出分析。

从地区维度来看，东部地区凭借完备的产业基础和高等教育资源，2024届本科毕业生去向落实率达 87.5%，稳居首位；西部和中部地区则分别从2022 届的 85.9%、85.2% 升至 86.9%、86.3%，而东北地区相对较低，仅为84.2%（见表 2-4）。西部受成渝双城经济圈等战略拉动、中部地区承接东部产业转移并聚集优质高校，毕业生去向落实率均获提升。

表 2-4 2022~2024 届各区域本科院校本科生毕业半年后的毕业去向落实率

单位：%

区域	2024 届	2023 届	2022 届
东部地区	87.5	87.2	88.0
西部地区	86.9	86.4	85.9
中部地区	86.3	86.1	85.2
东北地区	84.2	83.6	84.4
全国本科	86.7	86.4	86.0

资料来源：麦可思 - 中国 2022~2024 届大学毕业生培养质量跟踪评价。

在三大经济区域中，珠三角地区本科院校毕业生毕业半年后去向落实率保持领先，近三届均超过90%，2024届为90.3%；长三角地区近三年稳步提升，与珠三角地区的差距不断缩小；京津冀地区保持稳定，2024届为86.8%（见表2-5）。

该趋势表明，珠三角地区依托成熟的民营经济和多元产业，对本科毕业生的吸纳力始终保持高位；长三角地区凭借"双一流"高校与数字经济、先进制造业的协同发展，正稳步缩小与珠三角地区的差距；京津冀地区由于科研院所、国企及顶尖高校集中，就业岗位对毕业生的要求更高、竞争更为激烈，短期去向落实率虽有所提升，但仍落后于长三角地区和珠三角地区。

表2-5 2022~2024届三大经济区域本科院校毕业生毕业半年后的毕业去向落实率

单位：%

经济区域	2024届	2023届	2022届
珠三角地区	90.3	90.3	90.7
长三角地区	89.8	89.3	88.9
京津冀地区	86.8	86.6	86.0
全国本科	86.7	86.4	86.0

资料来源：麦可思－中国2022~2024届大学毕业生培养质量跟踪评价。

学科门类：按照教育部的专业目录，本次跟踪评价覆盖了本科院校所开设的学科门类12个。

专业类：按照教育部的专业目录，本次跟踪评价覆盖了本科院校所开设的专业类92个。

专业：按照教育部的专业目录，本次跟踪评价覆盖了本科院校所开设的专业474个。

从不同学科门类来看，工学毕业生的毕业去向落实率保持领先，2024届为89.6%；农学、历史学紧随其后，且近三届上升较为明显，分别从2022届的86.6%、84.2%升至2024届的88.7%、87.2%；教育学2024届毕业生的毕业去向落实率为86.9%，相比2023届（87.7%）有所回落；部分人文社科类学科（法学、艺术学、经济学、文学）毕业生的毕业去向落实率相对靠后，2024 届分别为 78.4%、83.8%、84.1%、84.4%（见表 2-6）。

工学门类凭借制造业数字化、智能化升级及研究生扩招，在高层次工业与交叉学科领域拥有持续的就业与深造优势；相比之下，人文社科类因体制化岗位比例高、灵活就业多，加之人工智能对传统岗位的替代效应，毕业生面临"慢就业"与岗位不稳定等挑战，亟须在专业培养中加强数字技术融合。

表 2-6 2022~2024 届本科各学科门类毕业生毕业半年后的毕业去向落实率

单位：%

学科门类	2024 届	2023 届	2022 届
工学	89.6	89.4	89.5
农学	88.7	87.7	86.6
历史学	87.2	86.5	84.2
教育学	86.9	87.7	87.0
理学	86.6	86.0	85.6
管理学	86.5	86.9	85.3
医学	85.2	84.6	85.2
文学	84.4	83.5	82.7
经济学	84.1	83.1	83.3
艺术学	83.8	83.6	83.1
法学	78.4	77.7	78.2
全国本科	86.7	86.4	86.0

注：个别学科门类因为样本较少，没有包括在内。

资料来源：麦可思－中国 2022~2024 届大学毕业生培养质量跟踪评价。

从各专业类来看，工学相关专业继续保持领先，新能源、智能制造等领域对相关专业毕业生的需求增长，其中，2024 届能源动力类和电气类专业毕业生去向落实率分别为 96.4% 和 95.8%；紧随其后的是仪器类（94.9%）、安全科学与工程类（94.7%）、机械类（93.9%）和矿业类（93.6%）。相比之下，传统热门专业如计算机类（82.4%）和建筑类（85.5%）毕业生去向落实率显著回落，主要受互联网市场趋于饱和、竞争加剧以及建筑房地产领域政策调

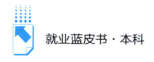

控等因素影响。

医学门类下属专业毕业去向落实率分化显著，公共卫生与预防医学类和护理学类专业分别以93.2%和89.9%位居前列，主要得益于公共卫生体系建设强化及老龄化带来的护理需求增长；而中西医结合类和口腔医学类专业仅为78.9%和79.8%，有较多毕业生选择继续深造，这可能与医疗卫生单位（特别是三甲医院）对医师的学历要求不断提升、毕业生就业选择相对局限等因素有关（见表2-7）。

表2-7　2022~2024届本科主要专业类毕业生毕业半年后的毕业去向落实率

单位：%

专业类	2024届	2023届	2022届
能源动力类	96.4	95.3	94.2
电气类	95.8	95.0	93.5
仪器类	94.9	92.6	91.9
安全科学与工程类	94.7	93.9	91.8
机械类	93.9	93.0	91.0
矿业类	93.6	92.6	90.3
公共卫生与预防医学类	93.2	92.0	91.9
自动化类	93.2	92.3	90.4
工业工程类	92.6	92.7	92.5
材料类	92.3	91.6	91.1
生物医学工程类	91.9	92.2	92.5
化工与制药类	91.5	90.2	88.7
土木类	91.2	92.7	92.3
物流管理与工程类	91.1	91.0	91.4
交通运输类	90.4	91.5	91.9
护理学类	89.9	89.7	90.7
植物生产类	89.7	86.8	88.1
物理学类	89.6	88.3	88.5
化学类	89.5	88.5	88.0
环境科学与工程类	89.4	88.2	89.2

专业类	2024 届	2023 届	2022 届
生物工程类	89.2	87.4	87.2
测绘类	89.2	90.6	90.1
地理科学类	88.9	87.3	90.3
电子商务类	88.6	89.4	88.7
中药学类	88.6	85.8	88.6
食品科学与工程类	88.3	86.6	88.1
电子信息类	88.1	88.7	89.6
体育学类	88.1	87.0	87.9
管理科学与工程类	88.0	90.4	91.1
马克思主义理论类	87.7	85.8	87.9
旅游管理类	87.6	88.5	84.6
药学类	87.5	86.2	88.7
历史学类	87.2	86.5	84.2
社会学类	87.2	87.0	89.8
外国语言文学类	86.9	84.5	82.9
经济与贸易类	86.8	85.9	84.7
生物科学类	86.7	87.5	89.3
林学类	86.6	87.0	87.2
教育学类	86.2	88.4	86.5
数学类	86.1	85.3	85.1
新闻传播学类	86.1	84.4	84.8
设计学类	85.9	85.2	85.9
工商管理类	85.8	84.9	83.9
建筑类	85.5	85.5	88.8
临床医学类	85.4	84.0	84.6
财政学类	84.3	84.4	85.9
医学技术类	84.0	87.4	89.5
戏剧与影视学类	83.8	84.7	83.6
公共管理类	83.5	85.4	84.0
经济学类	83.3	82.9	82.6

续表

专业类	2024 届	2023 届	2022 届
计算机类	82.4	83.2	86.6
金融学类	81.7	81.6	83.3
中医学类	81.6	81.8	83.8
音乐与舞蹈学类	81.0	83.5	82.4
心理学类	80.8	79.2	81.4
中国语言文学类	80.5	82.7	81.5
统计学类	80.1	80.5	83.9
美术学类	80.0	80.0	81.8
口腔医学类	79.8	82.0	84.1
中西医结合类	78.9	78.4	77.8
法学类	75.0	74.9	77.4
全国本科	86.7	86.4	86.0

注：个别专业类因为样本较少，没有包括在内。

资料来源：麦可思－中国 2022~2024 届大学毕业生培养质量跟踪评价。

2024 届本科毕业生中，就业量最大的前 50 位专业中，电气工程及其自动化（95.7%）、机械电子工程（95.3%）、机械设计制造及其自动化（94.7%）、自动化（94.5%）、车辆工程（93.6%）等毕业生毕业去向落实率较高（见表2-8）。

表 2-8　2024 届本科生毕业半年后就业量最大的前 50 位专业的毕业去向落实率

单位：%

就业量最大的前 50 位专业	毕业去向落实率
电气工程及其自动化	95.7
机械电子工程	95.3
机械设计制造及其自动化	94.7
自动化	94.5
车辆工程	93.6
物流管理	92.0
化学工程与工艺	91.9
商务英语	90.4

	续表
就业量最大的前 50 位专业	毕业去向落实率
土木工程	90.4
工程管理	90.2
应用化学	89.9
护理学	89.8
人力资源管理	89.4
工程造价	89.0
电子信息工程	88.9
小学教育	88.7
电子商务	88.6
化学	88.6
数学与应用数学	88.3
生物科学	87.9
通信工程	87.9
体育教育	87.9
市场营销	87.8
药学	87.6
数字媒体艺术	87.5
产品设计	87.2
国际经济与贸易	86.8
旅游管理	86.8
工商管理	86.6
学前教育	86.6
视觉传达设计	86.3
新闻学	86.1
会计学	86.0
临床医学	85.7
英语	85.5
经济学	84.6
环境设计	84.6
财务管理	84.2

续表

就业量最大的前 50 位专业	毕业去向落实率
软件工程	83.3
信息管理与信息系统	83.0
音乐学	82.9
物联网工程	82.7
金融学	82.7
网络工程	82.6
数据科学与大数据技术	82.6
计算机科学与技术	82.0
汉语言文学	81.4
广播电视编导	81.3
美术学	79.9
法学	74.6
全国本科	86.7

资料来源：麦可思－中国 2024 届大学毕业生培养质量跟踪评价。

从本科生毕业去向落实率排名前 50 的专业来看，工科专业占了约 2/3，其中排前 14 位的均是工科专业，包括能源与动力工程（96.6%）、电气工程及其自动化（95.7%）、机械电子工程（95.3%）、新能源科学与工程（95.1%）、机械工程（95.0%）、安全工程（95.0%）等（见表 2-9）。

表 2-9　2024 届本科生毕业半年后的毕业去向落实率排前 50 位的专业

单位：%

专业	毕业去向落实率
能源与动力工程	96.6
电气工程及其自动化	95.7
机械电子工程	95.3
新能源科学与工程	95.1
机械工程	95.0
安全工程	95.0

续表

专业	毕业去向落实率
测控技术与仪器	94.9
机械设计制造及其自动化	94.7
自动化	94.5
采矿工程	94.4
过程装备与控制工程	94.4
道路桥梁与渡河工程	93.8
水利水电工程	93.6
车辆工程	93.6
地理科学	93.5
材料成型及控制工程	93.4
预防医学	93.4
建筑环境与能源应用工程	93.4
生物医学工程	93.3
给排水科学与工程	93.3
工业工程	93.3
微电子科学与工程	93.0
材料科学与工程	92.0
物流管理	92.0
交通工程	91.9
化学工程与工艺	91.9
高分子材料与工程	91.7
测绘工程	91.1
电子科学与技术	91.0
物理学	90.9
制药工程	90.9
汽车服务工程	90.9
材料化学	90.5
酒店管理	90.5
商务英语	90.4
土木工程	90.4

	续表
专业	毕业去向落实率
物流工程	90.2
工程管理	90.2
机器人工程	90.1
环境工程	90.0
广告学	90.0
应用化学	89.9
护理学	89.8
生物工程	89.6
人力资源管理	89.4
农学	89.4
社会学	89.0
工程造价	89.0
运动训练	89.0
地理信息科学	88.9
全国本科	86.7

注：毕业生规模过小的专业不包括在此排序中。

资料来源：麦可思－中国2024届大学毕业生培养质量跟踪评价。

三 未就业情况

未就业：本研究将应届毕业生在毕业半年后跟踪评价时既没有受雇工作，也没有自主创业、自由职业、入伍或升学的状态，视为未就业。这包括准备考研、正在找工作和其他暂不就业三种情况。

应届本科生毕业半年后暂未就业的人群中，准备考研的比例在近三年持续下降，从2022届的7.1%下降至2024届的5.4%，反映出毕业生在升学决策上更加理性；与此同时，由于就业市场分层和信息不对称，"待就业"群体规模有所扩大，2024届毕业生待就业的比例（7.9%）进一步上升（见图2-3）。

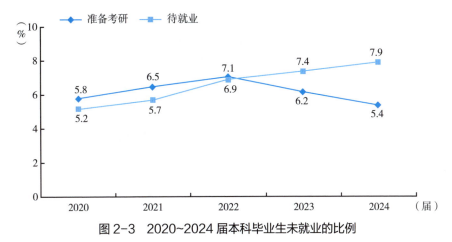

图 2-3 2020~2024 届本科毕业生未就业的比例

资料来源：麦可思－中国 2020~2024 届大学毕业生培养质量跟踪评价。

在 2024 届本科待就业的毕业生中，以"正在找工作"为主，有 43% 仍在积极求职，24% 准备考公考编（见图 2-4）。求职者中，有 55% 收到过用人单位录用通知（见图 2-5），却因薪资福利偏低（52%）、个人发展空间不足（43%）等原因未予接受（见图 2-6）。这反映出部分毕业生的求职预期与岗位需求之间存在认知错位。建议高校与用人单位加强校企合作，完善职业发展通道、增加实习机会，强化职业认知教育，精细化推送岗位信息，帮助毕业生更快实现高质量就业。

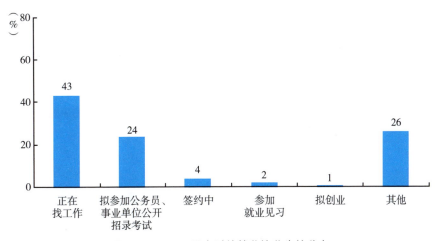

图 2-4 2024 届本科待就业毕业生的分布

资料来源：麦可思－中国 2024 届大学毕业生培养质量跟踪评价。

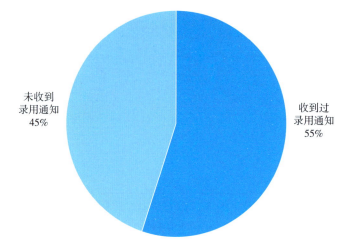

图 2-5　2024 届正在找工作的本科毕业生收到过录用通知的比例

资料来源：麦可思－中国 2024 届大学毕业生培养质量跟踪评价。

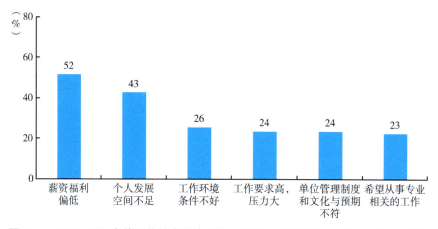

图 2-6　2024 届正在找工作的本科毕业生收到过录用通知但未接受的原因（多选）

资料来源：麦可思－中国 2024 届大学毕业生培养质量跟踪评价。

B.3
2024 年本科毕业生就业结构分析

摘　要： 2024 届本科毕业生就业呈现向中小城市持续下沉、行业结构不断优化的特点。就业区域上，东部地区依然是毕业生就业的核心（50.3%），长三角和珠三角依靠产业链优势和人才政策创新，吸引大量毕业生就业；就业重心进一步向地级及以下城市转移，体现了新型城镇化背景下中小城市对人才吸引力持续增强。行业与职业结构方面，高端制造、新能源和文化产业等领域就业占比呈上升趋势，建筑等传统行业占比明显下降；销售、新兴技术岗位需求增加，而传统金融和建筑工程岗位的吸纳能力减弱。民营企业和中小微企业持续扩大对毕业生的吸纳，对就业稳定起到关键支撑作用。专业预警分析表明，电气工程、新能源等工科专业就业前景较好，而法学、艺术类等专业就业压力大。

关键词： 就业结构　就业下沉　行业分布　专业预警　本科生

一　就业地流向

2024 届本科毕业生最集中的就业地 [①] 为东部地区，占比 50.3%，其后是西部地区（25.3%）、中部地区（20.3%）。结合区域本科院校毕业生人数占比和毕业去向落实率看，东部地区对人才的吸引力（毕业生人数占比 37.5%、落实率 87.5%）最强（见表 3-1）。

[①] 就业地指大学毕业生的就业所在地区。

表 3-1 2024 届本科毕业生的就业地分布

单位：%

区域	毕业生在该地区就业的比例	该地区实际毕业生人数占比	毕业去向落实率
东部地区	50.3	37.5	87.5
西部地区	25.3	27.1	86.9
中部地区	20.3	26.5	86.3
东北地区	4.1	8.9	84.2

资料来源：麦可思－中国 2024 届大学毕业生培养质量跟踪评价；中华人民共和国国家统计局。

在三大经济区域中，长三角地区和珠三角地区因产业集聚度高、民营经济活跃、围绕先进制造业集群的打造，逐步形成了"创新链—人才链—产业链"三链融合的模式，并凭借人才服务体系的制度创新，吸引了较多本科毕业生就业。

相比之下，在京津冀地区，伴随着北京疏解非首都功能，津冀承接产业转移的规模效应仍有待进一步形成；另外，基于生活成本、发展预期等方面的考虑，毕业生外流的情况相对较多，2024 届在该区域就业的本科毕业生比例为 8.2%（见表 3-2）。

表 3-2 2024 届本科毕业生在三大经济区域就业的情况

单位：%

经济区域	毕业生在该地区就业的比例	该地区实际毕业生人数占比	毕业去向落实率
长三角地区	22.2	15.0	89.8
珠三角地区	20.2	13.6	90.3
京津冀地区	8.2	9.2	86.8

资料来源：麦可思－中国 2024 届大学毕业生培养质量跟踪评价；中华人民共和国国家统计局。

城市类型：

1. 本研究按行政级别把中国内地城市分为以下三种类型。

a. 直辖市：包括北京、上海、天津、重庆。

b. 副省级城市：包括哈尔滨、长春、沈阳、大连、济南、青岛、南京、杭州、宁波、厦门、广州、深圳、武汉、成都、西安 15 个城市。部分省会城市不属于副省级城市。

c. 地级及以下城市：如绵阳、保定、苏州等，也包括省会城市如福州、银川等以及地级市下属的县、乡等。

2. 本研究根据城市发展水平、综合经济实力等把主要城市分为一线城市和新一线城市。

一线城市：北京、上海、广州、深圳。

新一线城市：《第一财经周刊》于 2013 年首次提出"新一线城市"概念，每年评出 15 座新一线城市。2024 年，依据商业资源集聚度、城市枢纽性、城市人活跃度、新经济竞争力和未来可塑性五大指标评出的 15 座新一线城市依次是：成都、杭州、重庆、苏州、武汉、西安、南京、长沙、天津、郑州、东莞、无锡、宁波、青岛、合肥。

随着新型城镇化和区域协调发展深入推进，中小城市基础设施与公共服务不断完善，加之产业梯度转移带来的就业机会下沉，以及毕业生对生活成本和工作生活平衡的日益重视，应届本科生的就业重心呈现向地级及以下城市倾斜的趋势。2020 届选择在地级及以下城市就业的比例为 56%，至 2024 届已升至 63%；同期在直辖市和副省级城市就业的比例合计从 44% 下降至 37%，反映出中小城市对本科毕业生吸引力增强（见图 3-1）。

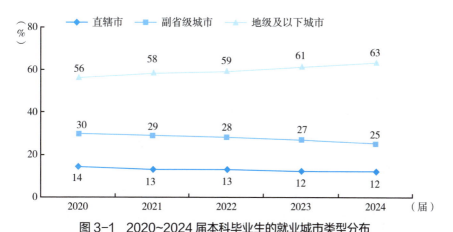

图 3-1 2020~2024 届本科毕业生的就业城市类型分布

资料来源：麦可思 - 中国 2020~2024 届大学毕业生培养质量跟踪评价。

近五年，应届本科毕业生就业重心进一步下沉。应届本科毕业生在一线城市、新一线城市就业的比例均有小幅下降，2024届分别为15%、25%，近两届基本持平（见图3-2）。这反映出随着城市竞争重心从"规模扩张"转向"高质量发展"，非一线城市的特色产业集群不断培育和发展，为本科毕业生提供了更多优质岗位。

图3-2　2020~2024届本科毕业生在一线、新一线城市就业的比例

资料来源：麦可思-中国2020~2024届大学毕业生培养质量跟踪评价。

二　行业、职业流向

（一）就业的主要行业及变化趋势

行业：根据麦可思中国行业分类体系，本次跟踪评价覆盖了本科毕业生就业的321个行业。

本节各表中的"就业比例"＝在某类行业中就业的本科毕业生人数/全国同届次本科毕业生就业总数。

2024届本科毕业生就业量较大的行业类为"教育业"（13.9%）、"信息传输、软件和信息技术服务业"（8.3%）、"金融业"（7.6%）、"建筑业"（6.7%）、"电子电气设备制造业（含计算机、通信、家电等）"（6.6%）等（见表3-3）。

从近五年的变化趋势来看，毕业生在装备制造、能源、文化产业就业的比例有所上升，这反映出高端制造、新能源、新型文化业态的发展较好地带动了毕业生在相关领域的就业。

毕业生在"教育业""建筑业"就业的比例下降均较为明显。教育领域受适龄人口减少与区域资源配置不均影响，建筑领域则受房地产调控、基建投资放缓等因素影响，对毕业生的吸纳减弱。

值得注意的是，毕业生在"信息传输、软件和信息技术服务业"就业的比例整体呈下降趋势，但 2024 届（8.3%）相比 2023 届（7.6%）有所回升，其中在电信相关领域就业的比例增加（2023 届、2024 届分别为 0.8%、1.2%）。这得益于云计算、大数据和物联网等新兴电信业务的快速扩张，工信部发布的《2024 年通信业统计公报》显示，电信新兴业务收入占比由上年的 21.6% 上升至 25%。这为本科毕业生提供了更多岗位。

表 3-3　2020~2024 届本科毕业生就业的行业类分布

单位：%，个百分点

行业类	2024 届	2023 届	2022 届	2021 届	2020 届	五年变化
教育业	13.9	13.6	13.0	14.0	17.0	-3.1
信息传输、软件和信息技术服务业	8.3	7.6	8.7	9.2	9.0	-0.7
金融业	7.6	7.4	7.3	7.2	7.5	0.1
建筑业	6.7	7.0	7.7	8.6	9.0	-2.3
电子电气设备制造业（含计算机、通信、家电等）	6.6	6.4	6.8	6.2	5.7	0.9
政府及公共管理	6.3	6.7	6.8	6.4	6.2	0.1
医疗和社会护理服务业	6.0	5.8	6.0	6.0	5.9	0.1
文化、体育和娱乐业	5.1	4.7	4.5	4.6	4.2	0.9
各类专业设计与咨询服务业	4.6	4.9	5.0	5.3	5.1	-0.5
零售业	4.1	3.8	3.6	3.8	3.5	0.6
机械设备制造业	3.6	3.1	2.9	2.6	2.5	1.1
电力、热力、燃气及水生产和供应业	3.4	3.2	3.0	2.6	2.4	1.0
医药及设备制造业	2.4	2.4	2.7	2.4	2.1	0.3
化学品、化工、塑胶制造业	2.3	2.3	2.1	1.8	1.8	0.5

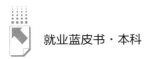
						续表
行业类	2024届	2023届	2022届	2021届	2020届	五年变化
运输业	2.1	2.2	2.2	2.3	2.2	−0.1
交通运输设备制造业	1.9	1.7	1.8	1.3	1.3	0.6
行政、商业和环境保护辅助业	1.6	1.9	2.0	1.7	1.7	−0.1
住宿和餐饮业	1.6	1.8	1.4	1.2	1.1	0.5
食品、烟草、加工业	1.4	1.3	1.1	1.0	0.9	0.5
其他制造业	1.4	1.6	1.8	1.3	1.0	0.4
农、林、牧、渔业	1.2	1.0	1.0	1.0	1.0	0.2
邮递、物流及仓储业	1.1	0.9	0.9	1.0	0.9	0.2
采矿业	1.1	1.2	1.0	0.9	0.8	0.3
纺织、服装、皮革制造业	1.0	1.2	1.0	1.1	0.9	0.1
居民服务、修理和其他服务业	0.9	1.4	1.2	1.4	1.3	−0.4
房地产开发及租赁业	0.8	1.4	1.4	1.9	2.1	−1.3
批发业	0.7	0.7	0.6	0.7	0.6	0.1
金属冶炼和压延加工业	0.7	0.8	0.6	0.6	0.6	0.1
家具制造业	0.6	0.7	0.6	0.6	0.5	0.1
玻璃黏土、石灰水泥制品业	0.4	0.5	0.6	0.6	0.4	0.0
群众团体、社会团体和宗教组织	0.3	0.3	0.3	0.2	0.3	0.0
木品和纸品业	0.2	0.2	0.2	0.3	0.2	0.0
其他租赁业	0.1	0.2	0.1	0.1	0.2	−0.1

注：表中显示数字均保留一位小数，因为四舍五入进位，加起来可能不等于100%。

资料来源：麦可思－中国2020~2024届大学毕业生培养质量跟踪评价。

表 3-4　2024届本科毕业生就业量最大的前 50 位行业

单位：%

行业	就业比例
综合医院	3.1
小学	3.1
发电、输电业	2.7
初中	2.5

续表

行业	就业比例
软件开发业	2.2
货币银行服务业	2.0
教育辅助服务业	1.9
其他培训学校和机构	1.9
普通高中	1.8
铁路、道路、隧道和桥梁工程建筑业	1.8
药品和医药制造业	1.7
其他金融业	1.7
司法、执法部门（公检法）	1.7
互联网平台服务业（工业互联网平台、电商平台等）	1.7
其他文体娱乐和休闲产业	1.6
半导体和其他电子元件制造业	1.6
其他制造业	1.4
其他各类国家机构	1.4
其他信息服务业	1.3
会计、审计与税务服务业	1.2
幼儿园与学前教育机构	1.2
计算机及外围设备制造业	1.1
数据处理、存储、计算、加工等相关服务业	1.1
互联网零售业	1.1
其他公共管理服务组织	1.0
通信设备制造业	1.0
住宅建筑施工业	0.9
保险中介、资产管理、精算及其他相关服务业	0.9
法律、知识产权服务业	0.8
其他电气设备及器材制造业	0.8
互联网信息服务业（搜索、网游、音视频、新闻服务等）	0.8
中国人民银行、金融监管局和证监会	0.8
各级党政领导机构及人大、政协、民主党派	0.8
保险机构	0.7

	续表
行业	就业比例
建筑基础、结构、楼房外观承建业	0.7
非住宅建筑施工业	0.7
物流仓储业	0.7
广告及相关服务业	0.7
其他化工产品制造业	0.7
医疗设备及用品制造业	0.7
汽车整车制造业	0.6
中等职业学校	0.6
汽车零部件及配件制造业	0.6
电影与影视产业	0.6
文化娱乐、体育、艺术从业人员的经纪服务机构	0.6
电机、输配电及控制设备制造业	0.6
基层医疗卫生服务机构	0.6
工业生产加工专用设备制造业	0.6
建筑装修业	0.6
专科医院	0.6

资料来源：麦可思－中国2024届大学毕业生培养质量跟踪评价。

（二）从事的主要职业及变化趋势

职业：根据麦可思中国职业分类体系，本次跟踪评价覆盖了本科毕业生能够从事的570个职业。

本节各表中的"就业比例"＝在某类职业中就业的本科毕业生人数／全国同届次本科毕业生就业总数。

2024届本科毕业生就业量较大的职业类为"中小学教育"（9.4%）、"行政／后勤"（7.4%）、"财务／审计／税务／统计"（7.2%）、"销售"（7.1%）、"计算机与数据处理"（5.6%）等（见表3-5）。

从近五年的变化趋势来看，从事销售类职业的比例上升较为明显，这可能与市场竞争加剧、企业加大市场开拓力度，以及电商、直播带货和全渠道零售模式的迅速扩张有关。

面向制造业的技术类岗位（如电气／电子、机械／仪器仪表）占比稳中有升，反映了制造业升级、新质生产力发展对高层次工业人才的需求增大。另外，文化产业新业态的不断发展使得毕业生从事媒体相关工作的比例进一步上升。

毕业生从事中小学教育类职业的比例整体呈下降趋势，近两年有所回升，这可能与"双减"政策下合规化的学科类和素质类课后服务规范推出，多样化、个性化的辅导项目不断丰富有关，这为毕业生提供了更多教育培训岗位的机会。

传统技术类岗位（如金融、建筑工程）占比均呈下降趋势，主要受以下因素影响：一是入门级岗位供给过剩；二是 AI 等新技术逐步替代部分重复性工作；三是建筑与房地产行业的周期性调整导致相关用工需求产生波动。

表 3-5　2020~2024 届本科毕业生从事的职业类分布

单位：%，个百分点

职业类	2024 届	2023 届	2022 届	2021 届	2020 届	五年变化
中小学教育	9.4	9.0	8.5	8.9	10.8	−1.4
行政／后勤	7.4	7.1	7.2	7.3	6.9	0.5
财务／审计／税务／统计	7.2	7.4	7.4	7.5	7.3	−0.1
销售	7.1	6.1	5.2	5.4	5.2	1.9
计算机与数据处理	5.6	5.1	5.9	5.8	5.8	−0.2
医疗保健／紧急救助	5.2	5.0	5.1	5.1	5.0	0.2
金融（银行／基金／证券／期货／理财）	5.1	5.4	5.4	5.4	5.6	−0.5
互联网开发及应用	5.1	5.5	6.1	6.7	6.1	−1.0
媒体／出版	5.0	4.3	4.2	3.9	3.6	1.4
电气／电子（不包括计算机）	3.9	3.8	3.8	3.6	3.5	0.4
建筑工程	3.8	4.3	4.9	5.6	6.2	−2.4
机械／仪器仪表	3.4	2.8	2.6	2.3	2.3	1.1

续表

职业类	2024届	2023届	2022届	2021届	2020届	五年变化
美术／设计／创意	2.7	2.5	2.4	2.5	2.3	0.4
生产／运营	2.2	2.2	2.3	2.5	2.1	0.1
生物／化工	2.2	2.0	2.1	1.8	1.7	0.5
人力资源	1.8	1.8	2.0	2.3	2.0	−0.2
电力／能源	1.7	1.9	1.7	1.5	1.4	0.3
表演艺术／影视	1.6	1.9	1.8	1.7	1.6	0.0
餐饮／娱乐	1.6	1.7	1.1	0.9	0.8	0.8
公安／检察／法院／经济执法	1.4	1.5	1.4	1.3	1.1	0.3
幼儿与学前教育	1.4	1.7	1.9	1.8	1.7	−0.3
交通运输／邮电	1.4	1.4	1.4	1.6	1.6	−0.2
社区工作者	1.2	1.1	1.4	0.8	0.7	0.5
物流／采购	1.2	1.1	1.2	1.0	1.0	0.2
机动车机械／电子	1.1	1.2	1.3	0.8	0.7	0.4
酒店／旅游／会展	1.0	0.8	0.6	0.7	0.8	0.2
文化／体育	0.9	0.7	0.7	0.8	0.7	0.2
职业培训／其他教育	0.8	1.0	0.9	1.1	1.9	−1.1
农／林／牧／渔类	0.8	0.7	0.8	0.7	0.7	0.1
经营管理	0.7	0.8	0.9	1.0	0.9	−0.2
工业安全与质量	0.7	0.8	0.9	0.8	0.7	0.0
律师／律政调查员	0.7	0.6	0.5	0.6	0.6	0.1
中等职业教育	0.4	0.7	0.7	0.7	0.8	−0.4
保险	0.4	0.9	0.8	0.8	0.9	−0.5
研究人员	0.4	0.6	0.8	0.7	0.7	−0.3
航空机械／电子	0.4	0.5	0.5	0.5	0.5	−0.1
矿山／石油	0.4	0.5	0.5	0.4	0.5	−0.1
环境保护	0.4	0.5	0.5	0.6	0.7	−0.3
房地产经营	0.3	0.6	0.7	0.9	1.0	−0.7
测绘	0.3	0.5	0.5	0.4	0.5	−0.2
翻译	0.3	0.4	0.3	0.3	0.2	0.1
冶金材料	0.3	0.3	0.3	0.2	0.2	0.1

续表

职业类	2024 届	2023 届	2022 届	2021 届	2020 届	五年变化
船舶机械	0.3	0.2	0.1	0.1	0.1	0.2
公共关系	0.2	0.3	0.2	0.3	0.2	0.0
服装/纺织/皮革	0.2	0.2	0.2	0.3	0.3	−0.1
美容/健身	0.1	0.2	0.1	0.1	0.1	0.0

注：表中显示数字均保留一位小数，因为四舍五入进位，加起来可能不等于 100%。

资料来源：麦可思－中国 2020~2024 届大学毕业生培养质量跟踪评价。

表 3-6　2024 届本科毕业生就业量最大的前 50 位职业

单位：%

职业	就业比例
文员	4.5
小学教师	3.7
会计	3.7
初中教师	2.4
银行柜员	2.4
新媒体策划、编辑、运营人员	2.1
电子商务专员	2.0
高中教师	1.9
护士	1.9
计算机程序员	1.5
行政秘书和行政助理	1.4
土木工程技术人员	1.3
互联网开发人员	1.2
人民警察	1.0
幼儿教师	1.0
软件开发人员	1.0
审计人员	1.0
电子工程技术人员	0.9
营业员	0.9
教学辅助人员	0.9

续表

职业	就业比例
信息支持与服务人员	0.9
各类销售服务人员	0.9
人力资源专职人员	0.9
电气工程技术人员	0.8
机械工程技术人员	0.8
化学技术人员	0.8
销售经理	0.7
客服专员	0.7
教育培训人员	0.7
电厂操作人员	0.7
平面设计人员	0.6
出纳员	0.6
软件质量保证和测试工程技术人员	0.6
其他社区和村镇工作人员	0.6
室内设计师	0.6
体育教练	0.5
化工厂系统操作人员	0.5
税务专员	0.5
发电站、变电站和中继站的电子和电气修理技术人员	0.5
销售代表（批发和制造业，不包括科技类产品）	0.5
市场专员	0.5
网上商家	0.5
运营经理	0.5
人力资源助理	0.5
集成电路工程技术人员	0.5
采购员	0.4
生物医学工程技术人员	0.4
其他工程技术人员（除绘图员）	0.4
市场经理	0.4
电工技术人员	0.4

资料来源：麦可思－中国 2024 届大学毕业生培养质量跟踪评价。

三 用人单位流向

民营经济对稳就业发挥了关键支撑作用。本科毕业生在民营企业 / 个体就业的比例由 2022 届的 51% 上升至 2024 届的 56%（见图 3-3），反映民营企业 / 个体对毕业生的吸纳进一步增强。

图 3-3 2022~2024 届本科毕业生就业的用人单位类型分布

资料来源：麦可思 - 中国 2022~2024 届大学毕业生培养质量跟踪评价。

从不同学科门类来看，毕业生就业单位类型的差异性反映了各学科的人才培养特点和行业需求。艺术学、管理学、农学、文学、经济学、工学等学科毕业生在民营企业 / 个体就业的比例较高；医学、历史学、法学等学科毕业生更多就业于政府机构 / 科研或其他事业单位（见图 3-4），尤其是医疗卫生单位、中小学校等公共服务领域。

中小企业持续为吸纳本科毕业生就业的主体，体现了中小企业在就业市场中的重要性和活力。数据显示，近三届本科毕业生在 300 人及以下规模单位就业的比例最高，2024 届为 54%，高于 2022 届（48%）（见图 3-5）。

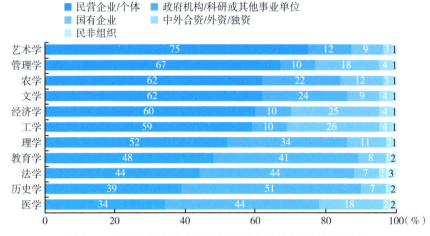

图 3-4　2024 届本科各学科门类就业的用人单位类型分布

注：个别学科门类因为样本较少，没有包括在内。

资料来源：麦可思－中国 2024 届大学毕业生培养质量跟踪评价。

鉴于中小企业在稳就业中的关键作用，应继续加大对其专精特新培育与支持力度，如税收优惠、融资便利和技术改造补贴。本科院校则可根据中小企业的岗位需求，优化人才培养方案，强化针对性实习项目，帮助毕业生快速适应中小企业的工作环境，提升其就业匹配度与稳定性。

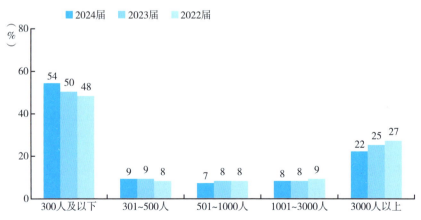

图 3-5　2022~2024 届本科毕业生就业的用人单位规模分布

资料来源：麦可思－中国 2022~2024 届大学毕业生培养质量跟踪评价。

不同学科门类毕业生在就业单位规模选择上的差异化，反映了各学科特点、人才培养目标以及行业需求的多样性。教育学、艺术学、文学、历史学等人文社科类毕业生更多就业于 300 人及以下规模的单位，其中艺术学门类2024 届毕业生在这类单位就业的比例（74%）相比 2023 届（70%）上升较多，主要对应的就业领域是文化创意以及艺术类培训。

工学、经济学门类毕业生在 3000 人以上规模单位就业的比例（2024 届均为 29%）较高（见图 3-6），分别对应了大型工业企业、商业银行等。

这也提示高校在优化专业设置和完善人才培养过程中，应充分考虑学科特性与市场需求的匹配度，从而培养学生习得更多与未来就业市场相适应的知识和技能。

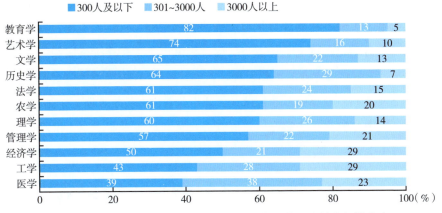

图 3-6　2024 届本科各学科门类毕业生就业的用人单位规模分布

注：个别学科门类因为样本较少，没有包括在内。

资料来源：麦可思－中国 2024 届大学毕业生培养质量跟踪评价。

四　专业预警

专业预警旨在评估不同专业的毕业生就业情况和市场对人才的需求趋势。基于各专业毕业生的就业落实情况、薪资水平和就业满意度，结合国家战略

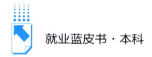

和重点发展领域对人才的需求，以及本科专业布点的动态调整，综合定位"红黄绿牌"专业。

红牌专业是指就业落实率、薪资和就业满意度综合较低，且市场需求减少或增长缓慢的专业。黄牌专业是指除了红牌专业外，就业落实率、薪资和就业满意度相对较低，且市场需求增长缓慢或有下降趋势的专业。绿牌专业是指就业落实率、薪资和就业满意度综合较高，且市场需求增长的专业。

专业预警反映的是全国总体情况，由于各地区的经济结构、行业发展和教育资源分配不同，各省（区、市）、各高校的具体情况可能会有所差别。需要特别说明的是，"红黄绿牌"专业是基于各专业连续多年应届毕业生就业质量变化趋势综合判断，一些近年来新增开设的专业，由于缺乏成规模和成趋势的毕业生数据，暂时没有被包括在内。

2025年本科就业绿牌专业包括：电气工程及其自动化、微电子科学与工程、机械电子工程、新能源科学与工程、车辆工程、机器人工程。其中，电气工程及其自动化、微电子科学与工程、机械电子工程连续三届绿牌。行业需求增长是造就绿牌专业的主要因素。

2025年本科就业红牌专业包括：公共事业管理、音乐表演、绘画、法学、美术学。其中，绘画、法学连续三届红牌。这与相关专业毕业生供需矛盾有关（见表3-7）。

表3-7 2025年本科"红黄绿牌"专业

红牌专业	黄牌专业	绿牌专业
公共事业管理	投资学	电气工程及其自动化
音乐表演	应用心理学	微电子科学与工程
绘画	广播电视学	机械电子工程
法学	学前教育	新能源科学与工程
美术学		车辆工程
		机器人工程

资料来源：麦可思－中国2022~2024届大学毕业生培养质量跟踪评价。

B.4
2024 年本科毕业生收入分析

摘　要： 2024 届本科毕业生平均月收入稳步上升，毕业半年后达 6199 元，扣除物价因素后较 2020 届实际增长 9.7%，远高于同期城镇居民月均可支配收入。毕业五年后（2019 届）月收入涨幅 95%，教育回报随时间显著提升。专业维度，工学毕业生起薪与涨幅持续领跑，2024 届初始月收入为 6841 元，新能源、电子信息、自动化等高技术专业月薪位于前列。地域方面，东部地区凭借先发优势的积累，成为高薪聚集地，薪资水平及增速均保持领先，一线城市薪资优势明显，新一线城市薪资增速较快。行业方面，数字经济核心产业和高技术制造业收入居前，传统行业收入增速放缓。就业单位类型方面，中外合资/外资/独资起薪较高，民营企业毕业生薪资在毕业五年后涨幅（120%）显著。建议高校关注市场变化，优化人才培养结构。

关键词： 薪资增长　教育回报　区域经济差异　本科生

一　总体月收入

·　月收入指工资、奖金、业绩提成、现金福利补贴等所有的月度现金收入。

应届本科毕业生的平均月收入稳中有升。2020 届为 5471 元，2024 届增至 6199 元（见图 4-1），明显超过了同期城镇居民的月均可支配收入（4516元），剔除物价因素后较 2020 届实际涨幅为 9.7%。在不同院校类型中，近五年，"双一流"院校毕业生的月收入增长更为明显，2024 届为 7783 元；地方本科院校毕业生月收入稳步上升，2024届为5882元（见图4-2）。反映了本科教育培养质量和行业需求提升共同推动了毕业生薪资水平的稳健增长。

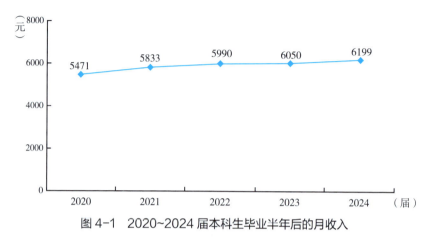

图4-1　2020~2024届本科生毕业半年后的月收入

资料来源：麦可思－中国2020~2024届大学毕业生培养质量跟踪评价。

图4-2　2020~2024届各类本科院校本科生毕业半年后的月收入

资料来源：麦可思－中国2020~2024届大学毕业生培养质量跟踪评价。

毕业三到五年，本科毕业生的薪资水平显著提升，长期回报效应明显。2019届本科毕业生在毕业五年后的月收入达到10619元，相比毕业半年后

（5440 元）涨幅 [1] 为 95%。反映出随着工作经验积累、能力知识提升和行业认知深化，人力资本价值获得了充分体现。

从不同院校类型来看，"双一流"院校毕业生的薪资增长更具优势。数据显示，2019 届"双一流"院校毕业生毕业五年后较毕业半年后的月收入涨幅达到了 108%，远超地方本科院校毕业生的 92%（见图 4-3），凸显了起点优势、优质资源与校友网络的复利效应；地方本科院校则应聚焦区域产业需求，进行特色化培养，以增强毕业生的职场竞争力。

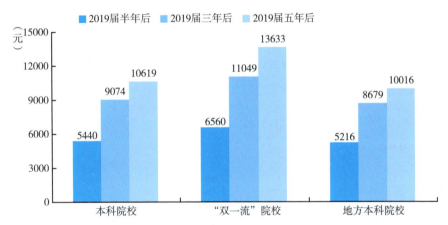

图 4-3　2019 届本科生毕业五年后的月收入（与半年后、三年后对比）

资料来源：麦可思－中国 2019 届大学毕业生五年后职业发展跟踪评价，2019 届大学毕业生三年后职业发展跟踪评价，2019 届大学毕业生培养质量跟踪评价。

二　各专业月收入

从各学科门类来看，工学持续领跑，2024 届毕业生的月收入达到 6841 元，反映出高端制造、信息技术等领域的薪资竞争力较强；其后是经济学（6280元）、理学（6115 元）、管理学（6075 元），就业量较大的金融领域整体薪资水平相对较高；教育学毕业生的月收入相对较低，2024 届为 5085 元（见表

---

① 　月收入涨幅 =（毕业五年后的月收入－毕业半年后的月收入）/ 毕业半年后的月收入。

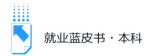

4-1），这与教育领域初始薪资水平相对较低有关。

面对不同学科的薪资差异现象，学生需综合考虑个人兴趣、性格特点、能力优势、职业规划以及行业发展趋势等因素，理性选择专业；高校则应密切关注就业市场变化，动态调整优化学科专业结构和培养体系，实现人才供给与社会需求的有效对接，从而更好地提升毕业生就业竞争力。

表 4-1　2022~2024 届本科各学科门类毕业生毕业半年后的月收入

单位：元

学科门类	2024 届	2023 届	2022 届
工学	6841	6709	6610
经济学	6280	6088	6003
理学	6115	5964	5759
管理学	6075	5962	5843
农学	5842	5681	5501
文学	5789	5641	5509
艺术学	5735	5556	5404
法学	5610	5424	5339
医学	5493	5440	5424
历史学	5445	5279	5134
教育学	5085	5002	4867
全国本科	6199	6050	5990

注：个别学科门类因为样本较少，没有包括在内。

资料来源：麦可思－中国 2022~2024 届大学毕业生培养质量跟踪评价。

从毕业五年后的月收入来看，工学毕业生的月收入水平和增长幅度均保持领先，2019 届毕业五年后的平均月收入达到 12265 元，与毕业半年后相比涨幅为 111%（见表 4-2），体现了高端制造业、数字经济核心产业快速发展对相关专业本科毕业生薪资提升的作用。

医学、农学毕业生虽然起薪相对较低，但毕业五年后的月收入涨幅相对较高，这可能与这些专业需要长期的专业实践和经验积累有关。随着专业技能和职称的提升，医学、农学毕业生能够实现较为显著的薪资增长。

上述现象表明，在专业选择与职业规划过程中，需综合考虑起始薪资、中长期发展潜力和行业成长性等因素。对于具有显著社会效益但短期经济回报较低的学科领域（如医学、农学），可考虑建立相应的激励机制，并配合薪酬体系改革，形成人才吸引与保留的长效机制，以更好地保障关键领域的人才供给与可持续发展。

表 4-2　2019 届本科各学科门类毕业五年后的月收入与涨幅

单位：元，%

学科门类	毕业五年后的月收入	毕业半年后的月收入	涨幅
工学	12265	5809	111
经济学	11102	5519	101
管理学	10475	5350	96
理学	9998	5392	85
医学	9550	5005	91
艺术学	9515	5256	81
农学	9483	4972	91
法学	9380	4960	89
文学	9325	5234	78
教育学	8131	4778	70
全国本科	10619	5440	95

注：个别学科门类因为样本较少，没有包括在内。

资料来源：麦可思－中国 2019 届大学毕业生五年后职业发展跟踪评价，2019 届大学毕业生培养质量跟踪评价。

2024 届工科类专业本科毕业生月收入最突出，2024 届月收入排前 12 位的专业类均为工科类，其中电子信息类、机械类、电气类、仪器类、自动化类专业位列前 5，这反映出半导体与集成电路、智能制造、新能源等领域发展态势较好，薪资竞争力不断增强；计算机类专业月收入（6846 元）虽仍处高位，但较 2023 届增长较缓，这可能与互联网相关领域发展放缓有关（见表 4-3）。

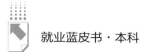

表 4-3　2022~2024 届本科生主要专业类毕业半年后的月收入

单位：元

专业类	2024 届	2023 届	2022 届
电子信息类	7025	6802	6662
机械类	7007	6727	6368
电气类	6965	6715	6396
仪器类	6936	6753	6631
自动化类	6924	6721	6658
生物医学工程类	6869	6596	6356
计算机类	6846	6771	6863
能源动力类	6841	6620	6244
安全科学与工程类	6725	6435	6294
材料类	6722	6474	6246
矿业类	6631	6278	5969
交通运输类	6630	6352	6126
工业工程类	6626	6730	6561
土木类	6535	6416	6245
物流管理与工程类	6439	6253	6087
化工与制药类	6424	6244	5913
测绘类	6394	6503	6207
财政学类	6373	6165	6125
统计学类	6323	6203	6217
金融学类	6289	6091	6122
管理科学与工程类	6274	6391	6249
经济学类	6209	6089	5911
数学类	6133	5933	5820
物理学类	5990	5766	5637
环境科学与工程类	5989	5858	5776
林学类	5965	5730	5504
工商管理类	5963	5842	5809
化学类	5952	5739	5594
电子商务类	5935	5805	5738
生物科学类	5901	5709	5368
新闻传播学类	5894	5974	5792
生物工程类	5892	5954	5843

续表

专业类	2024 届	2023 届	2022 届
食品科学与工程类	5889	5623	5337
经济与贸易类	5882	5628	5545
药学类	5875	5851	5702
外国语言文学类	5839	5695	5547
建筑类	5800	5949	5733
地理科学类	5799	5750	5420
戏剧与影视学类	5770	5619	5407
植物生产类	5746	5492	5170
设计学类	5695	5467	5434
心理学类	5661	5495	5169
旅游管理类	5597	5464	5210
护理学类	5567	5514	5353
公共管理类	5562	5525	5433
公共卫生与预防医学类	5548	5533	5459
社会学类	5495	5479	5389
历史学类	5445	5279	5134
中药学类	5433	5483	5461
音乐与舞蹈学类	5425	5175	5067
体育学类	5415	5247	5064
医学技术类	5403	5310	5312
中国语言文学类	5394	5410	5268
法学类	5333	5384	5304
美术学类	5154	4920	4811
马克思主义理论类	5146	4945	4786
临床医学类	5136	5037	4889
口腔医学类	4669	4779	4821
教育学类	4580	4660	4522
中医学类	4570	4494	4469
中西医结合类	4379	4377	4347
全国本科	6199	6050	5990

注: 个别专业类因为样本较少, 没有包括在内。

资料来源: 麦可思－中国 2022~2024 届大学毕业生培养质量跟踪评价。

随着国家在资源、粮食、食品等领域安全体系和能力现代化的不断推进，相关专业毕业生在就业市场上的需求增长较快，这在月收入增速上得到了直观体现；此外，制造业数字化转型的深入与智能制造的发展也促使了相关专业毕业生月收入的提升。具体来看，矿业类、植物生产类、食品科学与工程类、机械类专业的月收入增长较快，与2022届相比增长率均达到或超过10%，分别为11.1%、11.1%、10.3%、10.0%（见表4-4）。

表4-4　2024届本科生毕业半年后的月收入增长最快的前十位专业类（与2022届对比）

单位：%，元

专业类	增长率[①]	2024届	2022届
矿业类	11.1	6631	5969
植物生产类	11.1	5746	5170
食品科学与工程类	10.3	5889	5337
机械类	10.0	7007	6368
生物科学类	9.9	5901	5368
能源动力类	9.6	6841	6244
心理学类	9.5	5661	5169
电气类	8.9	6965	6396
化工与制药类	8.6	6424	5913
林学类	8.4	5965	5504
全国本科	3.5	6199	5990

注：毕业生规模过小的专业类不包括在此排序中。

资料来源：麦可思–中国2022届、2024届大学毕业生培养质量跟踪评价。

口腔医学类、中药学类、计算机类专业的月收入出现负增长（见表4-5），反映了各自行业面临的挑战和变化。口腔医学类专业可能受到牙科诊所竞争加剧、集采政策冲击等因素影响，毕业生对薪资的议价空间缩小；中

---

① 月收入的"增长率"＝（2024届毕业生的月收入 － 2022届毕业生的月收入）/2022届毕业生的月收入。

药学类专业毕业生从事医药销售类职业的比例相对较高，其收入受政策管控影响较大；计算机类专业面临行业周期性调整、人才供给过剩等挑战，且相关领域的新兴岗位（如人工智能、大数据等岗位）对从业者的学历门槛要求较高，本科生薪资承压。

表 4-5　2024 届本科生毕业半年后的月收入增长最慢的前十位专业类（与 2022 届对比）

单位：%，元

专业类	增长率	2024 届	2022 届
口腔医学类	-3.2	4669	4821
中药学类	-0.5	5433	5461
计算机类	-0.2	6846	6863
管理科学与工程类	0.4	6274	6249
法学类	0.5	5333	5304
中西医结合类	0.7	4379	4347
生物工程类	0.8	5892	5843
工业工程类	1.0	6626	6561
建筑类	1.2	5800	5733
教育学类	1.3	4580	4522
全国本科	3.5	6199	5990

注：毕业生规模过小的专业类不包括在此排序中。

资料来源：麦可思－中国 2022 届、2024 届大学毕业生培养质量跟踪评价。

从职业发展的角度来看，计算机类、电子信息类、自动化类、能源动力类专业毕业生的月收入呈现明显优势，毕业五年后的月收入分别达到 14090元、13584 元、12825 元、12748 元，其中电子信息类、能源动力类专业的涨幅较为突出，均超过 120%；另外，机械类专业毕业生的月收入涨幅（120%）也较大（见表 4-6）。上述类型专业对应的技术密集型产业具备突出的人力资本增值效应，对专业人才需求一直较大，且快速迭代的技术范式也为毕业生创造了阶梯式的晋升通道。

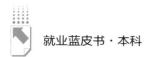
表4-6　2019届本科主要专业类毕业生毕业五年后的月收入与涨幅

单位：元，%

专业类	毕业五年后的月收入	毕业半年后的月收入	涨幅
计算机类	14090	6858	105
电子信息类	13584	6145	121
自动化类	12825	5899	117
能源动力类	12748	5424	135
仪器类	12182	5856	108
机械类	12156	5513	120
电气类	12022	5489	119
交通运输类	11771	5630	109
管理科学与工程类	11685	5625	108
材料类	11541	5277	119
建筑类	11535	5360	115
金融学类	11411	5638	102
电子商务类	11317	5745	97
经济与贸易类	11011	5332	107
经济学类	10991	5455	101
物流管理与工程类	10921	5435	101
土木类	10751	5324	102
戏剧与影视学类	10311	5028	105
工商管理类	10302	5268	96
药学类	10232	5090	101
生物工程类	10160	5117	99
化工与制药类	10158	5226	94
数学类	10146	5576	82
新闻传播学类	10008	5443	84
环境科学与工程类	10004	4878	105
设计学类	9950	5137	94
法学类	9950	4926	102
公共管理类	9941	5085	95

续表

专业类	毕业五年后的月收入	毕业半年后的月收入	涨幅
物理学类	9809	5182	89
旅游管理类	9805	5002	96
化学类	9732	5059	92
临床医学类	9714	4759	104
外国语言文学类	9568	5336	79
护理学类	9559	5235	83
心理学类	9546	4906	95
医学技术类	9470	4848	95
食品科学与工程类	9386	4752	98
生物科学类	9302	5094	83
地理科学类	8768	5063	73
体育学类	8745	5189	69
社会学类	8581	4811	78
音乐与舞蹈学类	8460	5303	60
美术学类	8421	4927	71
中国语言文学类	8186	5050	62
教育学类	7728	4390	76
马克思主义理论类	7641	4684	63
全国本科	10619	5440	95

注：个别专业类因为样本较少，没有包括在内。

资料来源：麦可思－中国 2019 届大学毕业生五年后职业发展跟踪评价，2019 届大学毕业生培养质量跟踪评价。

人工智能、大数据、集成电路、5G/6G 等数字经济核心产业的技术快速发展，为相关专业人才创造了显著的薪资溢价空间。2024 届本科生毕业半年后月收入 50 强专业中，信息安全、微电子科学与工程、电子科学与技术、自动化、软件工程专业位列前五（见表 4-7）。

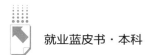
表 4-7　2024 届本科生毕业半年后的月收入排前 50 位的专业

单位：元

专业	毕业半年后的月收入
信息安全	7599
微电子科学与工程	7282
电子科学与技术	7215
自动化	7108
软件工程	7092
材料成型及控制工程	7077
光电信息科学与工程	7076
电子信息科学与技术	7058
机械设计制造及其自动化	7051
机械电子工程	7018
数据科学与大数据技术	7018
电气工程及其自动化	6971
物联网工程	6970
测控技术与仪器	6936
智能科学与技术	6924
机械工程	6920
能源与动力工程	6879
通信工程	6854
材料科学与工程	6840
电子信息工程	6838
网络工程	6820
车辆工程	6800
生物医学工程	6794
计算机科学与技术	6793
工业工程	6792
新能源科学与工程	6785
过程装备与控制工程	6742
安全工程	6742
信息管理与信息系统	6735
智能制造工程	6698

续表

专业	毕业半年后的月收入
采矿工程	6685
交通运输	6637
统计学	6602
物流工程	6596
人工智能	6575
材料化学	6546
土木工程	6544
测绘工程	6536
交通工程	6534
机器人工程	6523
道路桥梁与渡河工程	6503
金融学	6480
财政学	6470
化学工程与工艺	6463
数字媒体技术	6448
工业设计	6441
给排水科学与工程	6425
经济统计学	6379
市场营销	6363
高分子材料与工程	6358
全国本科	6199

注：毕业生规模过小的专业不包括在此排序中。

资料来源：麦可思－中国 2024 届大学毕业生培养质量跟踪评价。

三　各地区月收入

经济发展水平与产业结构决定了区域间的薪资水平差异。东部地区凭借先发优势和完备的产业集群，成为高薪聚集地。2024 届在东部地区就业的本

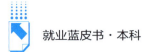

科毕业生月收入为 6861 元，在东部地区就业的 2019 届本科毕业生在毕业五年后的薪资增长上也表现出明显优势（见表 4-8、表 4-9）。

表 4-8　2022~2024 届本科生毕业半年后在各区域就业的月收入

单位：元

区域	2024 届	2023 届	2022 届
东部地区	6861	6642	6578
西部地区	5585	5468	5370
中部地区	5531	5441	5192
东北地区	5296	5151	4959
全国本科	6199	6050	5990

资料来源：麦可思－中国 2022~2024 届大学毕业生培养质量跟踪评价。

表 4-9　2019 届本科生毕业五年后在各区域就业的月收入与涨幅

单位：元，%

区域	毕业五年后的月收入	毕业半年后的月收入	涨幅
东部地区	12357	5909	109
西部地区	9067	4944	83
中部地区	8914	4779	87
东北地区	8135	4481	82
全国本科	10619	5440	95

资料来源：麦可思－中国 2019 届大学毕业生五年后职业发展跟踪评价，2019 届大学毕业生培养质量跟踪评价。

在三大经济区域中，长三角地区薪资水平最高，珠三角、京津冀地区位列其后（见表 4-10、表 4-11）。这也与长三角一体化与高质量发展政策持续释放红利有关，推动该地区对毕业生的高需求与高回报。当然毕业生在选择就业地时也需综合考虑区域产业与自身专业方向的契合度、生活成本、个人偏好等因素。

表 4-10　2022~2024 届本科生毕业半年后在三大经济区域就业的月收入

单位：元

经济区域	2024 届	2023 届	2022 届
长三角地区	6922	6691	6631
珠三角地区	6814	6605	6585
京津冀地区	6769	6553	6522
全国本科	6199	6050	5990

资料来源：麦可思－中国 2022~2024 届大学毕业生培养质量跟踪评价。

表 4-11　2019 届本科生毕业五年后在三大经济区域就业的月收入与涨幅

单位：元，%

经济区域	毕业五年后的月收入	毕业半年后的月收入	涨幅
长三角地区	12657	6120	107
珠三角地区	12391	6046	105
京津冀地区	12323	5902	109
全国本科	10619	5440	95

资料来源：麦可思－中国 2019 届大学毕业生五年后职业发展跟踪评价，2019 届大学毕业生培养质量跟踪评价。

近五年来，应届本科毕业生在一线城市和新一线城市的月收入均呈现上升趋势。一线城市凭借经济能级优势、产业集聚效应等因素，为毕业生提供了较高的薪资基准线。2024 届毕业生在一线城市的月收入达到 7885 元，相比 2020 届增长了 14%。

新一线城市凭借后发优势，展现出强劲的发展动能。2024 届毕业生在新一线城市的月收入为 6543 元，相比 2020 届增长了 17%，增速高于一线城市（见图 4-4）。新一线城市通过更具吸引力的人才政策、相对较低的生活成本及不断提升的生活品质吸纳了大量毕业生，其不断培育和发展的特色产业集群也为毕业生创造了更多可支配收入。

毕业生在职场中期的月收入增长情况显示，一线、新一线城市薪资水平均随着工作经验的增加而显著提升。具体来看，毕业五年后，一线城市的月收入达到了 15192 元，相比同届毕业半年后的薪资涨幅为 122%；新一线城市

图 4-4 2020~2024 届本科生毕业半年后在一线、新一线城市就业的月收入

资料来源：麦可思－中国 2020~2024 届大学毕业生培养质量跟踪评价。

的月收入达到了 11431 元，涨幅为 111%（见图 4-5）。这两类城市的薪资涨幅均显著高于全国本科平均水平（95%）。

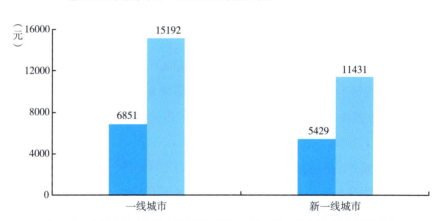

图 4-5 2019 届本科生毕业五年后在一线、新一线城市就业的月收入

资料来源：麦可思－中国 2019 届大学毕业生五年后职业发展跟踪评价，2019 届大学毕业生培养质量跟踪评价。

一线、新一线城市突出的薪资增长表现反映出这类城市为毕业生提供了更具吸引力的职业发展平台，毕业生能够获得更高的薪资回报，同时也能享受更丰富的职业发展资源。同时，以上现象也反映出区域发展不均衡的问题，人才培养体系仍需进一步完善，人才流动政策有待进一步优化，以更好地推动人力资源的合理配置和各区域经济的协调发展。

四 各行业、职业月收入

电子电气设备制造业（含计算机、通信、家电等）在 2024 届本科生毕业半年后月收入排名中持续位列第一，达到了 7463 元，反映出数字经济核心对专业技术人才的需求较大；交通运输设备制造业 2024 届本科生毕业半年后月收入为 7143 元，超过信息传输、软件和信息技术服务业位列第二，智能网联新能源汽车的大力发展促使相关领域对专业技术人才的需求增加，薪资竞争力进一步提升（见表 4-12）。

综上，行业发展态势、技术创新进程和市场需求变化是决定行业薪资竞争力的核心要素。对学生而言，在专业选择和职业规划时需紧密关注产业发展趋势，从而作出更加客观、合理的决策。同时，这也提示各级主管部门和高校应进一步深化产学研融合，建立更加紧密的多方合作机制，持续提升人才培养质量，以更好地适应产业升级和经济高质量发展的需要。

表 4-12　2022~2024 届本科生毕业半年后在主要行业类的月收入

单位：元

行业类	2024 届	2023 届	2022 届
电子电气设备制造业（含计算机、通信、家电等）	7463	7153	6833
交通运输设备制造业	7143	6763	6456
信息传输、软件和信息技术服务业	6899	6915	7113
运输业	6863	6669	6332
电力、热力、燃气及水生产和供应业	6820	6669	6263
采矿业	6692	6304	5924
机械设备制造业	6672	6413	6074
化学品、化工、塑胶制造业	6609	6398	5973

续表

行业类	2024 届	2023 届	2022 届
金融业	6414	6479	6372
建筑业	6323	6320	6089
医药及设备制造业	6295	6254	6242
金属冶炼和压延加工业	6250	6033	5716
邮递、物流及仓储业	6232	6037	5764
食品、烟草、加工业	6128	6022	5623
其他制造业	6102	6120	6037
零售业	6054	5778	5704
文化、体育和娱乐业	6034	5837	5692
家具制造业	5819	5707	5470
农、林、牧、渔业	5789	5727	5477
房地产开发及租赁业	5786	5614	5645
纺织、服装、皮革制造业	5785	5527	5288
各类专业设计与咨询服务业	5679	5774	5753
批发业	5615	5373	5285
行政、商业和环境保护辅助业	5447	5375	5353
医疗和社会护理服务业	5417	5425	5244
教育业	5392	5253	4982
政府及公共管理	5354	5219	5057
居民服务、修理和其他服务业	5146	5097	5083
住宿和餐饮业	5065	5078	4899
全国本科	6199	6050	5990

注：个别行业类因为样本较少，没有包括在内。

资料来源：麦可思－中国 2022~2024 届大学毕业生培养质量跟踪评价。

从月收入增长较快的行业类来看，采矿、化工、设备制造等领域稳步增长，这与国家战略驱动下的产业升级、安全体系和能力建设等因素有关（见表 4-13）。

信息传输、软件和信息技术服务业，各类专业设计与咨询服务业的月收入与 2022 届相比有所下降，这可能与互联网行业结构性调整、传统设计与咨询领域从业人员过剩以及 AI 技术替代效应显现等因素有关（见表 4-14）。

表 4-13　2024 届本科生毕业半年后的月收入增长最快的前五位行业类
（与 2022 届对比）

单位：%，元

行业类	增长率	2024 届	2022 届
采矿业	13.0	6692	5924
化学品、化工、塑胶制造业	10.6	6609	5973
交通运输设备制造业	10.6	7143	6456
机械设备制造业	9.8	6672	6074
纺织、服装、皮革制造业	9.4	5785	5288
全国本科	3.5	6199	5990

注：毕业生规模过小的行业类不包括在此排序中。

资料来源：麦可思－中国 2022 届、2024 届大学毕业生培养质量跟踪评价。

表 4-14　2024 届本科生毕业半年后的月收入增长最慢的前五位行业类
（与 2022 届对比）

单位：%，元

行业类	增长率	2024 届	2022 届
信息传输、软件和信息技术服务业	-3.0	6899	7113
各类专业设计与咨询服务业	-1.3	5679	5753
金融业	0.7	6414	6372
医药及设备制造业	0.8	6295	6242
其他制造业	1.1	6102	6037
全国本科	3.5	6199	5990

注：毕业生规模过小的行业类不包括在此排序中。

资料来源：麦可思－中国 2022 届、2024 届大学毕业生培养质量跟踪评价。

从毕业生职场中期的月收入来看，2019 届本科生毕业五年后在信息传输、软件和信息技术服务业、电子电气设备制造业（含计算机、通信、家电等）、交通运输设备制造业的薪资位列前 3，其中交通运输设备制造业的薪资涨幅（138%）最高（见表 4-15）。上述情况充分反映了高技术产业的技术迭代速度与人才增值效应。

就业蓝皮书·本科

表 4-15　2019 届本科生毕业五年后在主要行业类的月收入与涨幅

单位：元，%

行业类	毕业五年后的月收入	毕业半年后的月收入	涨幅
信息传输、软件和信息技术服务业	14555	6570	122
电子电气设备制造业（含计算机、通信、家电等）	14203	6033	135
交通运输设备制造业	13009	5455	138
医药及设备制造业	11946	5239	128
金融业	11815	5799	104
零售业	11716	5209	125
各类专业设计与咨询服务业	11199	5386	108
机械设备制造业	11176	4956	126
电力、热力、燃气及水生产和供应业	11097	5409	105
运输业	11056	6218	78
批发业	10975	5009	119
房地产开发及租赁业	10951	5395	103
文化、体育和娱乐业	10845	5596	94
金属冶炼和压延加工业	10555	4725	123
其他制造业	10535	5241	101
纺织、服装、皮革制造业	10484	4628	127
化学品、化工、塑胶制造业	10434	4923	112
建筑业	10336	5305	95
邮递、物流及仓储业	10331	5178	100
食品、烟草、加工业	10021	4897	105
采矿业	9734	4965	96
医疗和社会护理服务业	9488	4969	91
住宿和餐饮业	9463	4758	99
农、林、牧、渔业	8886	4636	92
行政、商业和环境保护辅助业	8404	4852	73
教育业	8324	5007	66
政府及公共管理	8010	4944	62
全国本科	10619	5440	95

注：个别行业类因为样本较少，没有包括在内。

资料来源：麦可思-中国 2019 届大学毕业生五年后职业发展跟踪评价，2019 届大学毕业生培养质量跟踪评价。

2024 届本科生毕业半年后月收入排名前十的行业中，数字经济核心产业、高技术制造业表现突出，反映了当前新质生产力发展的趋势。具体来看，半导体和其他电子元件制造业薪资水平位列榜首，达到 7806 元，其后依次是软件开发业（7760 元）、通信设备制造业（7709 元）等（见图 4-6）。

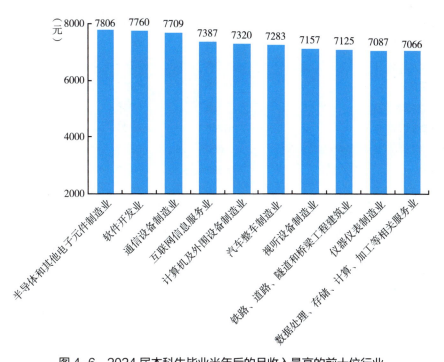

图 4-6　2024 届本科生毕业半年后的月收入最高的前十位行业

注：毕业生规模过小的行业不包括在此排序中。

资料来源：麦可思 – 中国 2024 届大学毕业生培养质量跟踪评价。

与数字经济核心产业紧密相关的电气 / 电子（不包括计算机）类职业月收入上升较为明显，2024 届毕业生的月收入达到了 7414 元，位列榜首；计算机与数据处理、互联网开发及应用类职业的月收入分列第二、三位，2024 届分别为 7297 元、7015 元（见表 4-16）。

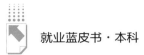

职业类	2024 届	2023 届	2022 届
表 4-16　2022~2024 届本科生毕业半年后在主要职业类的月收入
单位：元
电气 / 电子（不包括计算机）	7414	7127	6791
计算机与数据处理	7297	7306	7219
互联网开发及应用	7015	6977	7142
机械 / 仪器仪表	6997	6723	6234
交通运输 / 邮电	6879	6684	6373
生产 / 运营	6868	6752	6391
经营管理	6866	6714	6830
电力 / 能源	6858	6646	6209
机动车机械 / 电子	6788	6533	6054
金融（银行 / 基金 / 证券 / 期货 / 理财）	6664	6503	6280
生物 / 化工	6632	6449	5965
工业安全与质量	6450	6316	6164
矿山 / 石油	6396	6110	5703
建筑工程	6327	6390	6131
物流 / 采购	6233	6102	5950
销售	6216	6117	6077
研究人员	6198	6176	6025
表演艺术 / 影视	6185	6113	5907
媒体 / 出版	6076	5950	5745
测绘	5972	5808	5748
农 / 林 / 牧 / 渔类	5887	5745	5393
人力资源	5883	5809	5703
房地产经营	5816	5854	5880
美术 / 设计 / 创意	5777	5553	5466
公安 / 检察 / 法院 / 经济执法	5682	5609	5402
文化 / 体育	5662	5439	5215
保险	5637	5583	5440
律师 / 律政调查员	5616	5519	5442
环境保护	5517	5350	5170
医疗保健 / 紧急救助	5474	5377	5238

续表

职业类	2024 届	2023 届	2022 届
财务 / 审计 / 税务 / 统计	5423	5398	5236
职业培训 / 其他教育	5336	5278	4956
中小学教育	5296	5233	5027
酒店 / 旅游 / 会展	5226	5202	5053
餐饮 / 娱乐	5221	5183	5046
行政 / 后勤	5194	5154	4990
中等职业教育	5122	5044	4882
社区工作者	4642	4656	4564
幼儿与学前教育	4561	4667	4535
全国本科	6199	6050	5990

注：个别职业类因为样本较少，没有包括在内。

资料来源：麦可思－中国 2022~2024 届大学毕业生培养质量跟踪评价。

在收入增长较快的职业类别中，机械 / 仪器仪表、矿山 / 石油、机动车机械 / 电子、生物 / 化工、电力 / 能源类职业的增长率均在 10% 以上，这表明实体经济和制造业核心领域在转型升级过程中对专业技术人才的需求持续旺盛，相关岗位的薪资竞争力提升较为明显（见表 4-17）。

相比之下，互联网开发及应用、房地产经营类职业的月收入出现负增长，相比 2022 届分别下降了 1.8%、1.1%，这可能与行业周期性调整、政策调控等因素有关（见表 4-18）。

表 4-17　2024 届本科生毕业半年后的月收入增长最快的前十位职业类（与 2022 届对比）

单位：%，元

职业类	增长率	2024 届	2022 届
机械 / 仪器仪表	12.2	6997	6234
矿山 / 石油	12.2	6396	5703
机动车机械 / 电子	12.1	6788	6054
生物 / 化工	11.2	6632	5965

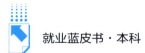

续表

职业类	增长率	2024 届	2022 届
电力 / 能源	10.5	6858	6209
电气 / 电子（不包括计算机）	9.2	7414	6791
农 / 林 / 牧 / 渔类	9.2	5887	5393
文化 / 体育	8.6	5662	5215
交通运输 / 邮电	7.9	6879	6373
职业培训 / 其他教育	7.7	5336	4956
全国本科	3.5	6199	5990

注：毕业生规模过小的职业类不包括在此排序中。

资料来源：麦可思 – 中国 2022 届、2024 届大学毕业生培养质量跟踪评价。

表 4-18　2024 届本科生毕业半年后的月收入增长最慢的前十位职业类（与 2022 届对比）

单位：%，元

职业类	增长率	2024 届	2022 届
互联网开发及应用	−1.8	7015	7142
房地产经营	−1.1	5816	5880
经营管理	0.5	6866	6830
幼儿与学前教育	0.6	4561	4535
计算机与数据处理	1.1	7297	7219
社区工作者	1.7	4642	4564
销售	2.3	6216	6077
研究人员	2.9	6198	6025
人力资源	3.2	5883	5703
建筑工程	3.2	6327	6131
全国本科	3.5	6199	5990

注：毕业生规模过小的职业类不包括在此排序中。

资料来源：麦可思 – 中国 2022 届、2024 届大学毕业生培养质量跟踪评价。

互联网开发及应用、计算机与数据处理类职业的薪资水平在 2019 届本科生毕业五年后保持领先，均在 15000 元以上。此外，律师 / 律政调查员初始薪

资较低但增长空间较大，毕业五年后月收入涨幅达到 152%（见表 4-19），这
与其职业发展特点和门槛要求（学历、经验、执业资格证书等）有关。

表 4-19　2019 届本科生毕业五年后在主要职业类的月收入与涨幅 单位：元，%			
职业类	毕业五年后的月收入	毕业半年后的月收入	涨幅
互联网开发及应用	15220	6742	126
计算机与数据处理	15184	6650	128
经营管理	13827	6081	127
电气 / 电子（不包括计算机）	13051	5767	126
销售	12796	5763	122
律师 / 律政调查员	12235	4847	152
生产 / 运营	11916	5629	112
机动车机械 / 电子	11883	5117	132
金融（银行 / 基金 / 证券 / 期货 / 理财）	11840	5666	109
表演艺术 / 影视	11392	5116	123
机械 / 仪器仪表	11380	5734	98
交通运输 / 邮电	11331	5455	108
电力 / 能源	11293	6408	76
美术 / 设计 / 创意	11111	4977	123
研究人员	11064	5074	118
物流 / 采购	10733	5318	102
媒体 / 出版	10666	5351	99
建筑工程	10607	5316	100
工业安全与质量	10103	5471	85
生物 / 化工	9925	4825	106
人力资源	9868	5119	93
医疗保健 / 紧急救助	9680	4974	95
餐饮 / 娱乐	9589	4909	95
环境保护	9459	4606	105
文化 / 体育	9416	5202	81
财务 / 审计 / 税务 / 统计	9316	5051	84

续表

职业类	毕业五年后的月收入	毕业半年后的月收入	涨幅
职业培训/其他教育	9290	4960	87
农/林/牧/渔类	8825	4507	96
公安/检察/法院/经济执法	8595	5029	71
行政/后勤	7766	4680	66
中小学教育	7672	4757	61
幼儿与学前教育	6801	4314	58
社区工作者	6010	4396	37
全国本科	10619	5440	95

注：个别职业类因为样本较少，没有包括在内。

资料来源：麦可思－中国2019届大学毕业生五年后职业发展跟踪评价，2019届大学毕业生培养质量跟踪评价。

数字技术相关岗位月收入排名普遍靠前，反映出当前经济发展对数字技术人才的强烈需求。具体来看，集成电路工程技术人员的月收入最高，2024届达到8459元；互联网开发人员、工业互联网工程技术人员、游戏策划人员等职业的月收入也较高，这些职业涉及产业数字化转型、新型文化业态发展等，市场需求持续增长（见表4-20）。

表4-20 2024届本科生毕业半年后的月收入最高的前50位职业

单位：元

职业	毕业半年后的月收入
集成电路工程技术人员	8459
互联网开发人员	8245
工业互联网工程技术人员	8030
游戏策划人员	7799
销售工程师	7675
软件质量保证和测试工程技术人员	7638
半导体加工人员	7628
项目经理	7556

	续表
职业	毕业半年后的月收入
软件开发人员	7528
大数据工程技术人员	7411
计算机程序员	7411
智能制造工程技术人员	7309
汽车电子工程技术人员	7237
市场经理	7223
运营经理	7170
销售经理	7162
电路绘图人员	7141
信息安全、网络安全测试和分析人员	7069
需求分析人员	7036
网络系统支持与维护人员	7023
质量管控、检查、测试人员	6944
销售代表（医疗用品）	6938
电子工程技术人员	6932
一线销售经理（零售）	6887
银行信贷员	6870
发电站、变电站和中继站的电子和电气修理技术人员	6822
电子和电气设备装配技术人员	6817
直播销售人员	6786
计算机售前、售后技术支持人员	6781
广告策划人员	6769
工业工程技术人员	6765
工业设计师	6736
个人理财顾问	6727
材料工程技术人员	6713
市场专员	6709
安全工程技术人员	6701
税务专员	6698
采矿工程技术人员	6689

	续表
职业	毕业半年后的月收入
采购经理	6659
机电工程技术人员	6655
电气工程技术人员	6643
电厂操作人员	6628
计算机网络管理人员	6628
仓储主管	6620
时尚设计师	6603
计算机硬件工程技术人员	6601
证券、期货和金融服务销售代理	6582
银行柜员	6580
汽车零部件技术人员	6578
化工设计工程技术人员	6552
全国本科	6199

注：毕业生规模过小的职业不包括在此排序中。

资料来源：麦可思－中国 2024 届大学毕业生培养质量跟踪评价。

五　各用人单位月收入

中外合资/外资/独资企业凭借国际化运营和管理模式及资本实力，为毕业生提供的起薪相对较高，2024 届达 7238 元（见图 4-7）。随着经验积累和能力提升，在民营企业/个体就业的毕业生薪资增长显著，2019 届本科生毕业五年后薪资达到 11924 元，涨幅为 120%（见图 4-8）。体现了民营企业/个体组织灵活、对市场变化响应快以及内生创新动力强等特点，为员工提供了更宽广的薪资增长空间，对促进经济高质量发展、扩大就业容量等方面具有重要支撑作用。这说明毕业生在选择就业单位时，需要兼顾短期收益与中长期的成长性。

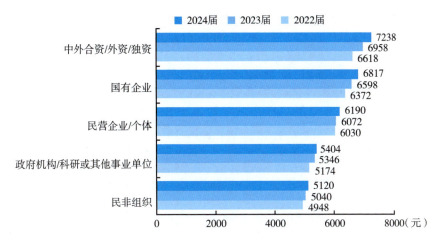

图 4-7　2022~2024 届本科生毕业半年后在各类型用人单位的月收入

资料来源：麦可思－中国 2022~2024 届大学毕业生培养质量跟踪评价。

图 4-8　2019 届本科生毕业五年后在各类型用人单位的月收入

注：民非组织因为样本较少，没有包括在内。

资料来源：麦可思－中国 2019 届大学毕业生五年后职业发展跟踪评价，2019 届大学毕业生培养质量跟踪评价。

　　企业规模与薪资水平呈正向关联性。2024 届本科毕业生在 3000 人以上规模用人单位的月收入最高，达到 7362 元（见图 4-9）；2019 届本科生进入

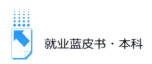

职场五年后，大型企业仍保持高薪优势、涨幅最高，达到113%（见图4-10）。当然在大型企业也可能面临更多的竞争和晋升压力。

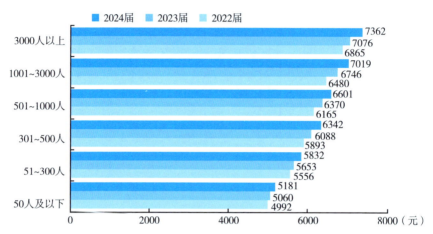

图4-9　2022~2024届本科生毕业半年后在各规模用人单位的月收入

资料来源：麦可思－中国2022~2024届大学毕业生培养质量跟踪评价。

图4-10　2019届本科生毕业五年后在各规模用人单位的月收入

资料来源：麦可思－中国2019届大学毕业生五年后职业发展跟踪评价，2019届大学毕业生培养质量跟踪评价。

B.5
2024年本科毕业生就业满意度分析

摘　要： 近五年，本科毕业生就业满意度持续提升，2024届达81%，较2020届提升10个百分点。其中，地方本科院校满意度首次超过"双一流"院校（分别为81%、78%），反映出高校就业服务体系与毕业生就业观念的同步优化。地区层面，东部地区凭借高薪就业机会，东北地区凭借稳定的体制内岗位，毕业生就业满意度并列居首（2024届均为82%）。行业方面，政府及公共管理、民生领域和高技术制造领域的就业满意度相对较高，而传统工业和一般服务业的就业满意度偏低。单位类型方面，政府机构/科研或其他事业单位因就业稳定性强、压力适度，毕业生就业满意度较高；民营企业/个体虽薪资涨幅较大，但受工作强度大等因素影响，满意度相对较低。

关键词： 就业满意度　就业观念　行业差异　本科生

一　总体就业满意度

就业满意度：指工作的毕业生对目前就业现状的满意程度，评价结果分为"很满意""满意""不满意""很不满意"，其中"很满意""满意"属于满意的范围，"不满意""很不满意"属于不满意的范围。

近五年，应届本科毕业生的就业满意度持续攀升，从2020届的71%上升至2024届的81%；从不同类型院校来看，2024届地方本科院校毕业生就业满意度为81%，超过"双一流"院校（78%）（见图5-1、图5-2）。这一变化，反映了：一是毕业生就业观念更加理性，二是高校就业服务体系不断完善，通过强化就业指导、优化校企合作、丰富实习实践等，使得毕业生能够建立更合理的职业预期。

图 5-1　2020~2024 届本科生毕业半年后的就业满意度

资料来源：麦可思 - 中国 2020~2024 届大学毕业生培养质量跟踪评价。

图 5-2　2020~2024 届各类本科院校本科生毕业半年后的就业满意度

资料来源：麦可思 - 中国 2020~2024 届大学毕业生培养质量跟踪评价。

随着职业发展和工作经验的积累，本科毕业生的就业满意度进一步提升。2019 届本科毕业生在毕业半年后的就业满意度为 68%，毕业五年后提高 13 个百分点，达到 81%。从不同院校类型来看，"双一流"院校、地方本科院校毕业生毕业五年后的就业满意度均有较大幅度提升（见图 5-3、图 5-4）。

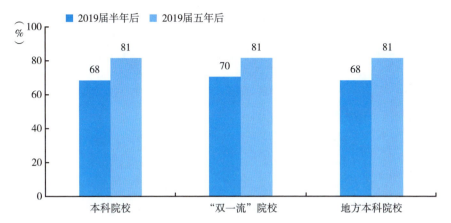

图 5-3　2019 届本科生毕业五年后的就业满意度（与毕业半年后对比）

资料来源：麦可思－中国 2019 届大学毕业生五年后职业发展跟踪评价，2019 届大学毕业生培养质量跟踪评价。

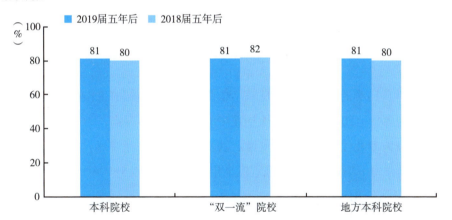

图 5-4　2018 届、2019 届本科生毕业五年后的就业满意度

资料来源：麦可思－中国 2018 届、2019 届大学毕业生五年后职业发展跟踪评价。

　　2024 届对就业不满意的本科毕业生中，有 70% 是因为收入低，有 46% 是因为发展空间不够，薪资与职业发展是毕业生就业满意度的核心驱动因素，而工作强度、环境及能力匹配等职场体验也会显著影响毕业生的就业感受（见图 5-5）。这也提示，毕业生求职应兼顾职场要求、个人能力与发展期望等因素，通过持续学习不断提升能力，应对就业市场的变化。高校需更好地构建职业规划服务，提升毕业生的职场适应能力和职业发展质量。

图 5-5　2022~2024 届本科毕业生对就业现状不满意的原因（多选）

资料来源：麦可思－中国 2022~2024 届大学毕业生培养质量跟踪评价。

二　各专业就业满意度

各学科门类的就业满意度反映了毕业生对所在领域的工作机会和职业发展前景的评价。2024 届法学专业毕业生的就业满意度最高，为 84%，这可能与该领域的专业性强、社会需求稳定以及职业发展路径清晰有关；医学、理学、经济学专业毕业生的就业满意度也相对较高（见表 5-1）。

从毕业五年后来看，教育学、法学、理学专业 2019 届毕业生毕业 5 年后的就业满意度分别达到 86%、84%、84%（见表 5-2）。随着工作经验的积累和职业发展，这些专业的毕业生对自身职业发展感到更加满意。

表 5-1　2022~2024 届本科各学科门类毕业生毕业半年后的就业满意度

单位：%

学科门类	2024 届	2023 届	2022 届
法学	84	80	77
医学	83	80	79
理学	83	78	77
经济学	83	78	76

续表

学科门类	2024 届	2023 届	2022 届
文学	81	77	76
艺术学	81	79	77
历史学	80	75	74
农学	80	76	74
管理学	80	77	75
工学	80	78	78
教育学	79	77	77
全国本科	81	78	77

注：个别学科门类因为样本较少，没有包括在内。

资料来源：麦可思－中国 2022~2024 届大学毕业生培养质量跟踪评价。

表 5-2　2018 届、2019 届本科各学科门类毕业生毕业五年后的就业满意度

单位：%

学科门类	2019 届五年后	2018 届五年后
教育学	86	85
法学	84	82
理学	84	82
文学	83	84
医学	82	81
艺术学	82	80
农学	81	80
管理学	80	79
工学	79	79
经济学	79	78
全国本科	81	80

注：个别学科门类因为样本较少，没有包括在内。

资料来源：麦可思－中国 2018 届、2019 届大学毕业生五年后职业发展跟踪评价。

2024 届本科生毕业半年后就业满意度排名前 30 位的专业中，医学影像学、运动训练专业并列第一（均为 89%），其次是数学与应用数学、临床医

学、播音与主持艺术专业（均为 87%）（见表 5-3）。这可能与这些专业的服务性质、专业技能要求和创造性工作特点有关。

表 5-3　2024 届本科生毕业半年后的就业满意度排前 30 位的专业

单位：%

专业	就业满意度
医学影像学	89
运动训练	89
数学与应用数学	87
临床医学	87
播音与主持艺术	87
麻醉学	86
化学	85
电气工程及其自动化	85
摄影	85
中西医临床医学	85
国际经济与贸易	85
医学影像技术	85
生物医学工程	84
舞蹈学	84
护理学	84
物理学	84
法学	84
思想政治教育	83
社会体育指导与管理	83
广播电视编导	83
新闻学	83
会计学	83
舞蹈表演	82
生物制药	82
金融学	82
知识产权	82

续表

专业	就业满意度
微电子科学与工程	82
动物科学	82
表演	82
英语	82
全国本科	81

注：毕业生规模过小的专业不包括在此排序中。

资料来源：麦可思－中国 2024 届大学毕业生培养质量跟踪评价。

毕业五年后，马克思主义理论类专业的就业满意度（88%）最高，其次是音乐与舞蹈学类、体育学类专业（均为 87%）（见表 5-4）。这些专业的毕业生在长期职业发展中可能获得更多的成就感和满足感，特别是教育和文化艺术领域，能够提供更多的个人发展空间和社会影响力。

表 5-4 2019 届本科主要专业类毕业生毕业五年后的就业满意度

单位：%

专业类	就业满意度
马克思主义理论类	88
音乐与舞蹈学类	87
体育学类	87
数学类	86
教育学类	86
物理学类	85
护理学类	85
中国语言文学类	85
法学类	84
外国语言文学类	83
电子商务类	83
化学类	83
地理科学类	83
戏剧与影视学类	83

续表

专业类	就业满意度
电子信息类	83
电气类	82
自动化类	82
临床医学类	82
药学类	82
工商管理类	82
物流管理与工程类	81
旅游管理类	81
计算机类	81
生物科学类	80
材料类	80
化工与制药类	80
机械类	80
仪器类	80
美术学类	80
医学技术类	80
经济与贸易类	80
社会学类	80
能源动力类	80
公共管理类	79
经济学类	79
心理学类	79
设计学类	79
新闻传播学类	79
食品科学与工程类	79
金融学类	78
交通运输类	78
环境科学与工程类	76
生物工程类	75
管理科学与工程类	74

续表

专业类	就业满意度
土木类	67
建筑类	65
全国本科	81

注：个别专业类因为样本较少，没有包括在内。

资料来源：麦可思－中国 2019 届大学毕业生五年后职业发展跟踪评价。

三　各地区就业满意度

东部地区和东北地区的就业满意度并列第一（见表 5-5）。东部地区薪资水平较高，优质就业机会较多，能够为毕业生提供更加广阔的就业发展空间；东北地区体制内岗位占比较高，工作与生活的平衡性较好。两类不同模式的就业为毕业生提供了更加丰富的选择空间。

在三大经济区域中，京津冀地区的就业满意度较高，2024 届为 85%（见表 5-6）。京津冀地区凭借雄厚的教育资源储备、密集的科研机构布局和总部经济集聚优势，为毕业生构建了多维度的职业发展平台。同时，该地区持续推进的创新驱动发展和产业优化升级进一步增大了就业岗位的技术含量和发展空间，为毕业生创造了更多优质就业机会。

表 5-5　2022~2024 届本科生毕业半年后在各区域的就业满意度

单位：%

区域	2024 届	2023 届	2022 届
东部地区	82	80	79
东北地区	82	80	77
中部地区	80	76	75
西部地区	78	75	74
全国本科	81	78	77

资料来源：麦可思－中国 2022~2024 届大学毕业生培养质量跟踪评价。

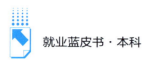

表5-6 2022~2024届本科生毕业半年后在三大经济区域的就业满意度 单位：%			
经济区域	2024届	2023届	2022届
京津冀地区	85	82	81
长三角地区	81	78	78
珠三角地区	78	76	76
全国本科	81	78	77

资料来源：麦可思－中国2022~2024届大学毕业生培养质量跟踪评价。

近五年，毕业生在一线城市和新一线城市的就业满意度均有显著提升，分别从2020届的74%、71%上升至2024届的82%、80%（见图5-6）。上述趋势印证了相关城市人才政策的显著成效，毕业生对其就业环境的认可度持续提升。

一线城市凭借领先的经济体量、完善的产业生态、丰富的就业选择和优厚的薪酬回报，持续保持对毕业生的强大吸引力；新一线城市通过精准的人才引进政策与不断培育和发展特色产业集群，在创造优质就业岗位和改善生活品质方面取得长足进展，有效增强了毕业生的职业获得感和幸福感。

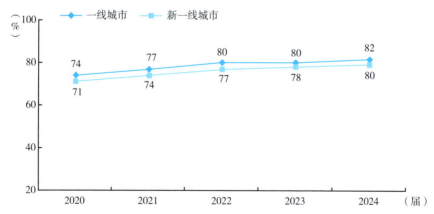

图5-6 2020~2024届本科生毕业半年后在一线、新一线城市的就业满意度

资料来源：麦可思－中国2020~2024届大学毕业生培养质量跟踪评价。

四　各行业、职业就业满意度

毕业生就业满意度与行业属性高度相关。从毕业半年后和毕业五年后的数据来看，满意度较高的均是政府及公共管理领域，此外在民生领域（电力、教育、医疗）以及高技术制造业就业毕业生的整体满意度较高（见图5-7、图5-9）。这些行业通常提供较好的薪酬福利、职业发展机会和工作环境，从而吸引了大量毕业生，并保持了较高的满意度。

相比之下，传统工业和服务业（如冶金、建筑、餐饮等）的就业满意度相对较低（见图5-8、图5-10）。这可能与相关行业面临多重发展约束有关，包括工作环境相对艰苦、强度大且周期性波动等因素，毕业生的实际工作体验与职业预期存在落差。

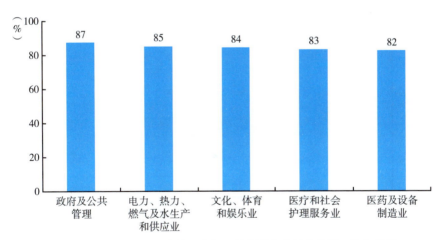

图 5-7　2024 届本科生毕业半年后就业满意度最高的前五位行业类

注：毕业生规模过小的行业类不包括在此排序中。

资料来源：麦可思－中国 2024 届大学毕业生培养质量跟踪评价。

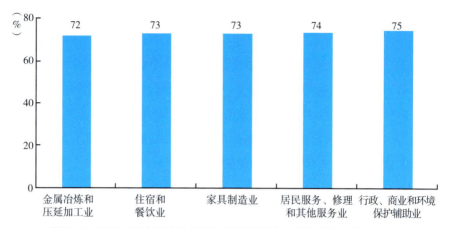

图5-8　2024届本科生毕业半年后就业满意度最低的前五位行业类

注：毕业生规模过小的行业类不包括在此排序中。

资料来源：麦可思－中国2024届大学毕业生培养质量跟踪评价。

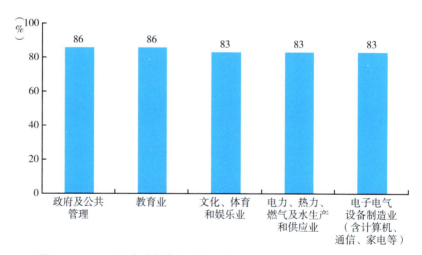

图5-9　2019届本科生毕业五年后就业满意度最高的前五位行业类

注：毕业生规模过小的行业类不包括在此排序中。

资料来源：麦可思－中国2019届大学毕业生五年后职业发展跟踪评价。

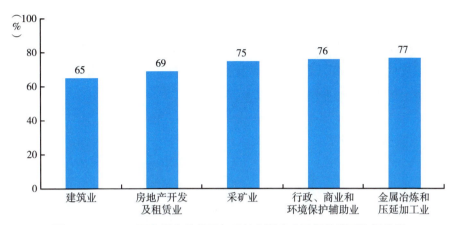

图 5-10 2019 届本科生毕业五年后就业满意度最低的前五位行业类

注：毕业生规模过小的行业类不包括在此排序中。

资料来源：麦可思 – 中国 2019 届大学毕业生五年后职业发展跟踪评价。

毕业生就业满意度与从事的岗位性质紧密相关。满意度较高的职业主要集中在公安 / 检察 / 法院 / 经济执法、电力 / 能源、教育等领域（见图 5-11、图 5-13）。这些职业领域通常提供较稳定的工作环境、有竞争力的薪酬、良好的职业发展前景和较高的社会地位，从而吸引了毕业生，并保持了较高的满意度。

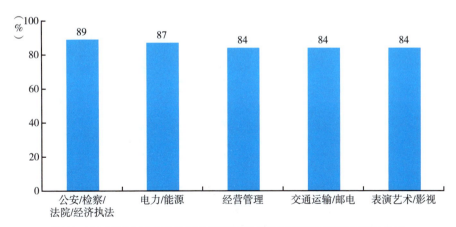

图 5-11 2024 届本科生毕业半年后就业满意度最高的前五位职业类

注：毕业生规模过小的职业类不包括在此排序中。

资料来源：麦可思 – 中国 2024 届大学毕业生培养质量跟踪评价。

相比之下，房地产经营、建筑工程、餐饮／娱乐、社区工作等岗位的就业满意度偏低（见图5-12、图5-14）。这可能与相关岗位工作环境相对艰苦、较高强度的工作负荷、受限的职业发展通道与晋升空间等因素有关。毕业生的实际工作体验与职业预期存在落差。

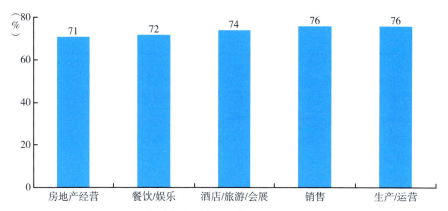

图5-12　2024届本科生毕业半年后就业满意度最低的前五位职业类

注：毕业生规模过小的职业类不包括在此排序中。

资料来源：麦可思－中国2024届大学毕业生培养质量跟踪评价。

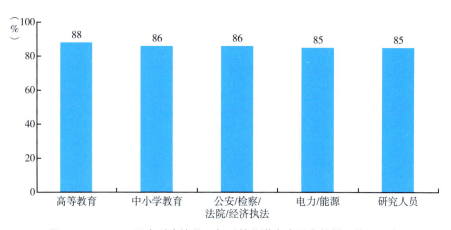

图5-13　2019届本科生毕业五年后就业满意度最高的前五位职业类

注：毕业生规模过小的职业类不包括在此排序中。

资料来源：麦可思－中国2019届大学毕业生五年后职业发展跟踪评价。

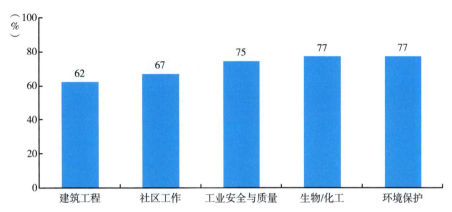

图 5-14　2019 届本科生毕业五年后就业满意度最低的前五位职业类

注：毕业生规模过小的职业类不包括在此排序中。

资料来源：麦可思 - 中国 2019 届大学毕业生五年后职业发展跟踪评价。

五　各用人单位就业满意度

毕业生在政府机构 / 科研或其他事业单位的就业满意度较高，这可能与这些单位通常提供的工作稳定、工作压力适度、福利保障好、职业发展空间较大以及工作环境相对舒适有关；相比之下，民营企业 / 个体的就业满意度相对较低（见图 5-15、图 5-16），这可能与民营企业 / 个体面临的市场竞争压力、工作强度、工作稳定性以及福利保障等方面的挑战有关。

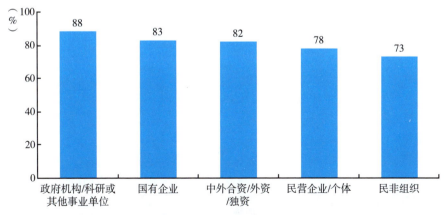

图 5-15　2024 届本科生毕业半年后在各类型用人单位的就业满意度

资料来源：麦可思 - 中国 2024 届大学毕业生培养质量跟踪评价。

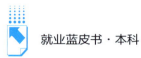

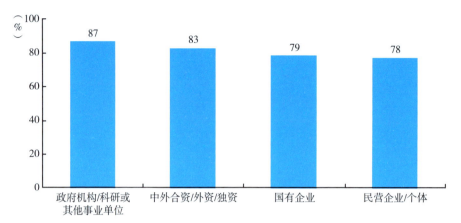

图 5-16 2019 届本科生毕业五年后在各类型用人单位的就业满意度

注：民非组织因为样本较少，没有包括在内。

资料来源：麦可思－中国 2019 届大学毕业生五年后职业发展跟踪评价。

B.6
2024 年本科毕业生职业发展分析

摘　要： 2024 届本科毕业生的专业适配度保持稳定，73% 的毕业生从事专业相关工作，与上届基本持平；但因"专业工作的环境不好"转向非对口岗位的比例有所上升，体现出新生代毕业生更加关注职场文化和团队氛围。职业发展方面，2019 届本科毕业生毕业五年内晋升比例达 55%，但升学毕业生的职业"后发优势"需更长时间积累才能释放。就业稳定性方面，毕业生初入职场的适应情况较为稳定，但因工作要求高和压力大而导致离职的比例有所上升，这既反映出毕业生对工作生活平衡的重视，也揭示了就业市场供需结构矛盾；建议高校加强前置职业体验课程以缩小认知差距，企业则应提升组织灵活性。

关键词： 专业适配度　职场文化　职位晋升　组织灵活性　本科生

一　工作与专业相关度

（一）总体工作与专业相关度

工作与专业相关度：指毕业生目前所从事的工作与所学专业的对口情况，由受雇全职工作的毕业生回答自己目前的工作是否与所学专业相关。工作与专业相关度＝受雇全职工作并且工作与专业相关的毕业生人数／受雇全职工作的毕业生人数。

工作与专业相关度是衡量教育与市场需求匹配程度的重要指标。2024 届本科毕业生从事本专业相关工作的比例为 73%，与 2023 届（72%）基本持平；

从不同院校类型来看，"双一流"院校、地方本科院校毕业生的工作与专业相关度分别为75%、72%（见图6-1、图6-2）。

对高校而言，需建立和完善人才培养的动态监测与调整机制，通过持续优化专业结构和教育资源配置，提升人才供给与产业需求的匹配度；对毕业生而言，需在扎实掌握专业知识技能的同时进一步强化跨界发展的能力，通过持续学习和技能迭代以更好地应对就业市场的变革。

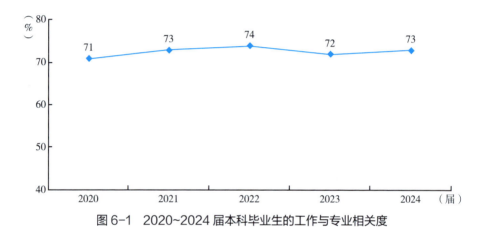

图6-1　2020~2024届本科毕业生的工作与专业相关度

资料来源：麦可思－中国2020~2024届大学毕业生培养质量跟踪评价。

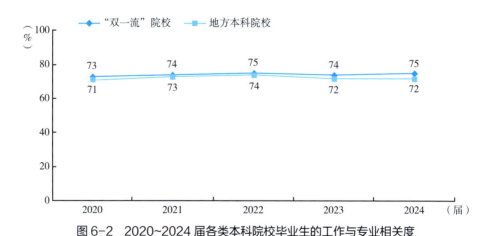

图6-2　2020~2024届各类本科院校毕业生的工作与专业相关度

资料来源：麦可思－中国2020~2024届大学毕业生培养质量跟踪评价。

随着毕业生在职场中积累经验和技能，其职业发展路径逐渐明朗，岗位晋升和变迁机会增多，工作选择面变宽。具体来看，2019 届本科生毕业五年后工作与专业相关度（65%）与 2018 届同期持平，不同类型的本科院校之间基本无差异（见图 6-3）。

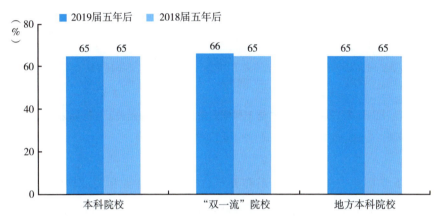

图 6-3 2018 届、2019 届本科生毕业五年后的工作与专业相关度

资料来源：麦可思－中国 2018 届、2019 届大学毕业生五年后职业发展跟踪评价。

从 2024 届本科毕业生选择专业无关工作原因来看，因"迫于现实先就业再择业"而从事与专业无关的工作比例（28%）最高，其次是"专业工作不符合自己的职业期待"（22%）相比前两届有所下降。

而因"专业工作的环境不好"选择无关专业岗位的比例逐年上升，2024届为 17%（见图 6-4）。对于高校院校而言，可拓展"真实职场"体验和企业参观，让学生提前感知行业工作环境，校内实习模拟结合企业实境，校企联合举办岗位沙盘演练，帮助其形成更贴近现实的职业预期。

（二）主要专业的工作与专业相关度

医学毕业生在毕业半年后和五年后的工作与专业相关度均保持领先，反映出相关领域具有较为严格的准入要求（如执业医师资格证）和专业化培养

图6-4　2022~2024届本科毕业生选择与专业无关工作的原因

资料来源：麦可思-中国2022~2024届大学毕业生培养质量跟踪评价。

路径；农学毕业生在毕业半年后和五年后的工作与专业相关度均较低，需更加注重培养学生知农爱农的意识并提升其从农意愿（见表6-1、表6-2）。

此外，经济学、管理学专业毕业生在毕业半年后和五年后的工作与专业相关度也排名靠后，这在一定程度上反映出其培养的通用技能（如数据分析、市场营销）适用面较广，但专业壁垒较低，且面临着人工智能等技术的冲击。这类专业可更加注重培养学生的复合型技能，以更好地提升就业适配性。

表6-1　2022~2024届本科各学科门类毕业生的工作与专业相关度

单位：%

学科门类	2024届	2023届	2022届
医学	92	92	94
历史学	80	76	71
理学	79	76	73
法学	77	73	71
教育学	77	81	83
文学	74	71	73
工学	72	72	76
管理学	67	67	67

续表

学科门类	2024 届	2023 届	2022 届
艺术学	66	64	68
经济学	65	62	62
农学	60	59	61
全国本科	73	72	74

注：个别学科门类因为样本较少，没有包括在内。

资料来源：麦可思－中国 2022~2024 届大学毕业生培养质量跟踪评价。

表 6-2　2018 届、2019 届本科各学科门类毕业五年后的工作与专业相关度

单位：%

学科门类	2019 届	2018 届
医学	92	90
教育学	80	79
法学	73	70
理学	68	67
文学	67	67
工学	64	64
艺术学	59	58
管理学	56	58
经济学	55	56
农学	51	52
全国本科	65	65

注：个别学科门类因为样本较少，没有包括在内。

资料来源：麦可思－中国 2018 届、2019 届大学毕业生五年后职业发展跟踪评价。

　　专业层面的工作与专业相关度排名显示，医学相关专业对口就业程度较高，包括医学影像学、临床医学、麻醉学、口腔医学、护理学、医学影像技术等，其工作与专业相关度均超过 90%（见表 6-3）。

　　这反映了医学专业的特性，即专业培养与医疗卫生领域的实际需求之间存在高度的一致性和匹配度。医学专业的毕业生通常需要经历严格的在校专

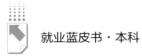

业教育、毕业后教育和实践培训，以确保其具备必要的医疗知识和技能，能够在医疗卫生领域提供专业服务。

表 6-3　2024 届本科毕业生的工作与专业相关度排前 30 位的专业

单位：%

专业	工作与专业相关度
医学影像学	98
临床医学	97
麻醉学	97
口腔医学	94
护理学	93
医学影像技术	93
针灸推拿学	90
中医学	90
预防医学	89
地理科学	89
数学与应用数学	87
中西医临床医学	87
医学检验技术	86
药学	86
电气工程及其自动化	86
药物制剂	86
物理学	85
采矿工程	85
安全工程	84
运动训练	83
制药工程	83
历史学	83
化学	83
康复治疗学	82
应用化学	82
小学教育	82

	续表
专业	工作与专业相关度
思想政治教育	82
中药学	82
汉语言文学	82
体育教育	81
全国本科	73

注：毕业生规模过小的专业不包括在此排序中。

资料来源：麦可思－中国 2024 届大学毕业生培养质量跟踪评价。

（三）主要职业的工作与专业相关度

卫生健康类职业由于其专业性和对公众健康的重要影响，通常要求从业人员具备相应的专业资格和技能，从业门槛较高。这类职业的工作与专业相关度普遍较高。2024 届本科毕业生中，全科医师、护士、内科医师、康复治疗师、药剂师等卫生健康类职业的工作与专业相关度均较高，超过 95%（见表 6-4），这表明这些职业的从业人员绝大多数都具备较强的专业背景，能够充分发挥自身专业优势。

相对而言，行政、销售等服务类岗位对从业人员的专业背景要求较低（见表 6-5），这些职业更加注重沟通能力、组织能力和服务意识等通用技能。

表 6-4 2024 届本科毕业生的工作与专业相关度要求最高的前 20 位职业 单位：%	
职业	工作与专业相关度
全科医师	99
护士	99
内科医师	98
康复治疗师	97
药剂师	96
外科医师	95

职业	工作与专业相关度
	续表
律师助理	95
放射技术人员	95
医学和临床实验室技术人员	95
幼儿教师	94
软件开发人员	93
翻译人员	92
电气工程技术人员	92
土木工程技术人员	91
计算机程序员	90
包装设计师	90
生物医学工程技术人员	90
法务人员	90
机械工程技术人员	90
环境工程技术人员	90
全国本科	73

注：毕业生规模过小的职业不包括在此排序中。

资料来源：麦可思－中国 2024 届大学毕业生培养质量跟踪评价。

表 6-5　2024 届本科毕业生的工作与专业相关度要求最低的前 20 位职业

单位：%

职业	工作与专业相关度
社区和村镇工作人员	24
餐饮服务生	27
物业管理专员	27
客服专员	29
推销员	33
房地产经纪人	34
文员	35
数据录入员	36
营业员	37
公关专员	38

	续表
职业	工作与专业相关度
一线销售经理（零售）	38
广告业务员	39
辅警	39
档案管理员	40
行政秘书和行政助理	40
网上商家	40
活动执行	41
行政服务经理	41
收银员	42
运营经理	42
全国本科	73

注：毕业生规模过小的职业不包括在此排序中。

资料来源：麦可思－中国 2024 届大学毕业生培养质量跟踪评价。

二　职位晋升情况

（一）总体职位晋升

职位晋升：指比之前工作承担的责任更大以及享有的职权更多，如管理职位的晋升、技术或专业职位晋升等，由已工作的毕业生判断是否获得过晋升以及获得晋升的次数。

职位晋升反映了毕业生在不同阶段的成长轨迹，由于部分毕业生毕业后升学，所处的职业发展阶段存在差异，故区分当前学历来分析晋升情况。往年分析仅针对本科学历进行，特此说明。

随着工作经验的积累，本科毕业生在职场中的成长和晋升机会增多。2019 届本科生毕业五年内获得过晋升的比例为 55%、晋升次数为 0.9 次，其中，当前为本科学历的毕业生平均晋升比例为 61%、晋升次数为 1.0 次；学历提升至研究生的毕业生平均晋升比例为 39%、晋升次数为 0.6 次，这部分

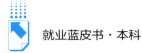

毕业生工作时间相对较短，学历提升带来的"后发优势"需要通过更长的时间积累来释放（见图6-5、图6-6）。

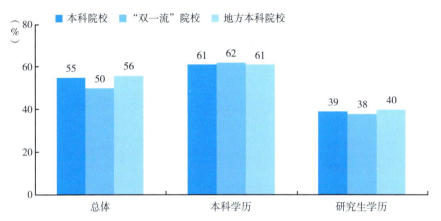

图6-5　2019届本科生毕业五年内获得过职位晋升的比例

资料来源：麦可思－中国2019届大学毕业生五年后职业发展跟踪评价。

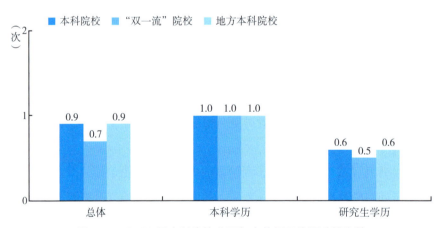

图6-6　2019届本科生毕业五年内获得职位晋升的次数

资料来源：麦可思－中国2019届大学毕业生五年后职业发展跟踪评价。

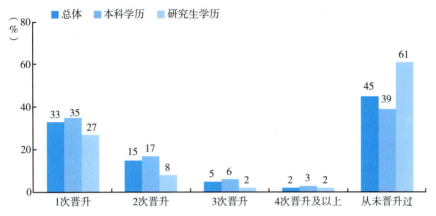

图 6-7　2019 届本科生毕业五年内获得职位晋升的频度

资料来源：麦可思－中国2019届大学毕业生五年后职业发展跟踪评价。

（二）各学科门类的职位晋升

从学科门类来看，经济学、艺术学和管理学毕业生在本科学历（晋升比例均为 64%）和研究生学历（晋升比例分别为 52%、47%、47%）两组中均位列前茅，反映了这些领域对业务能力与学历的双重要求；尽管研究生因工作年限较短在当前阶段的晋升比例略逊于本科，但其在高端职能领域的竞争力依然突出。

医学门类无论本科（50%）还是研究生（20%）学历毕业生的晋升比例均相对偏低，说明医疗机构晋升更依赖资历和专业资质。

工学（本科 63%、研究生 35%）和农学（本科 61%、研究生 31%）领域，本科学历毕业生的晋升空间更大：一方面，生产运行类岗位更看重经验和工龄积累；另一方面，研究生多从事研发类职位，二者在岗位性质和晋升路径上存在差异（见表 6-6、表 6-7）。

建议毕业生在择业与升学决策时，应立足自身职业规划，结合个人兴趣、能力优势及行业发展趋势，制定清晰的职业目标，并据此选择最匹配的就业岗位或继续深造路径，以实现长期职业发展与个人价值的最大化。

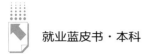

表6-6　2019届本科各学科门类毕业生毕业五年内获得职位晋升的情况（本科学历）

单位：%，次

学科门类	晋升比例	晋升次数
经济学	64	1.1
艺术学	64	1.1
管理学	64	1.1
工学	63	1.1
农学	61	1.0
教育学	60	0.9
文学	60	0.9
理学	56	0.8
法学	54	0.7
医学	50	0.6
全国本科	61	1.0

注：个别学科门类因为样本较少，没有包括在内。

资料来源：麦可思－中国2019届大学毕业生五年后职业发展跟踪评价。

表6-7　2019届本科各学科门类毕业生毕业五年内获得职位晋升的情况（研究生学历）

单位：%，次

学科门类	晋升比例	晋升次数
经济学	52	0.9
管理学	47	0.8
艺术学	47	0.8
教育学	45	0.6
文学	42	0.6
法学	38	0.5
工学	35	0.5
理学	33	0.4
农学	31	0.4
医学	20	0.3
全国本科	39	0.6

注：个别学科门类因为样本较少，没有包括在内。

资料来源：麦可思－中国2019届大学毕业生五年后职业发展跟踪评价。

（三）主要行业、职业的职位晋升

不同类型行业的晋升路径呈现明显差异。零售业，信息传输、软件和信息技术服务业，各类专业设计与咨询服务业这三大领域对运营管理、技术支持与专业咨询能力、学历均有要求，竞争激烈且晋升较快，研究生凭借更高起点和项目经验在高层次岗位上"后发制人"更具优势。

本科学历毕业生则更集中于生产、物流和现场管理等一线执行岗位，通过工龄和操作能力更易获得早期晋升。

政府及公共管理、医疗和社会护理服务业的晋升比例在两类群体中均处于末位，反映出这些行业对资历积累、执业资格与制度化考评的共同依赖（见表 6-8、表 6-9）。

表 6-8　2019 届本科生毕业五年内在主要行业类获得职位晋升的情况（本科学历）单位：%，次		
行业类	晋升比例	晋升次数
零售业	76	1.5
房地产开发及租赁业	76	1.4
住宿和餐饮业	75	1.6
邮递、物流及仓储业	73	1.4
金融业	71	1.1
建筑业	71	1.2
电子电气设备制造业（含计算机、通信、家电等）	70	1.2
信息传输、软件和信息技术服务业	70	1.3
食品、烟草、加工业	69	1.2
其他制造业	69	1.2
批发业	69	1.1
医药及设备制造业	69	1.2
纺织、服装、皮革制造业	68	1.2
各类专业设计与咨询服务业	67	1.2
电力、热力、燃气及水生产和供应业	66	1.1
文化、体育和娱乐业	66	1.2

行业类	晋升比例	晋升次数
		续表
交通运输设备制造业	66	1.1
化学品、化工、塑胶制造业	66	1.1
农、林、牧、渔业	66	1.2
机械设备制造业	63	1.0
金属冶炼和压延加工业	62	1.0
运输业	62	0.9
采矿业	60	1.0
教育业	58	0.8
行政、商业和环境保护辅助业	58	0.9
医疗和社会护理服务业	48	0.6
政府及公共管理	44	0.6
全国本科	61	1.0

注：个别行业类因为样本较少，没有包括在内。

资料来源：麦可思 – 中国 2019 届大学毕业生五年后职业发展跟踪评价。

表 6-9　2019 届本科生毕业五年内在主要行业类获得职位晋升的情况（研究生学历）

单位：%，次

行业类	晋升比例	晋升次数
零售业	55	0.9
信息传输、软件和信息技术服务业	53	0.8
各类专业设计与咨询服务业	53	0.8
金融业	52	0.9
食品、烟草、加工业	47	0.7
文化、体育和娱乐业	45	0.8
建筑业	42	0.6
采矿业	41	0.9
运输业	40	0.6
行政、商业和环境保护辅助业	39	0.5
农、林、牧、渔业	39	0.6
机械设备制造业	38	0.6

行业类	晋升比例	续表 晋升次数
电子电气设备制造业（含计算机、通信、家电等）	37	0.5
教育业	36	0.5
电力、热力、燃气及水生产和供应业	35	0.5
医药及设备制造业	35	0.5
化学品、化工、塑胶制造业	34	0.4
政府及公共管理	34	0.4
交通运输设备制造业	31	0.4
医疗和社会护理服务业	20	0.3
全国本科	39	0.6

注：个别行业类因为样本较少，没有包括在内。

资料来源：麦可思－中国 2019 届大学毕业生五年后职业发展跟踪评价。

　　不同类型岗位的晋升路径呈现明显差异。在经营管理、销售和互联网开发及应用等核心运营及专业支持岗位中，对业务能力与学历存在双重要求，竞争激烈且晋升较快。

　　本科学历毕业生在生产／运营、电力／能源、物流／采购等一线执行类岗位上，凭借工龄和实践经验更易获得早期晋升；研究生学历毕业生则更多从事研发、专业技术或咨询支持工作，虽短期内晋升比例略低，但在中长期高端技术及决策岗位上具有"后发制人"的优势。

　　公安／检察／法院／经济执法、医疗保健／紧急救助类岗位的晋升比例在两类群体中均相对靠后，反映出这些岗位对资历积累、职称评审和执业资格的严格依赖，使得晋升路径更为稳健但节奏较慢（见表 6-10、6-11）。

表 6-10　2019 届本科生毕业五年内在主要职业类获得职位晋升的情况（本科学历）
单位：%，次

职业类	晋升比例	晋升次数
经营管理	85	1.9
生产／运营	75	1.4
电力／能源	75	1.3
人力资源	74	1.3

续表

职业类	晋升比例	晋升次数
销售	73	1.3
职业培训 / 其他教育	73	1.4
物流 / 采购	73	1.3
餐饮 / 娱乐	72	1.4
美术 / 设计 / 创意	72	1.3
互联网开发及应用	71	1.3
建筑工程	70	1.2
金融（银行 / 基金 / 证券 / 期货 / 理财）	69	1.1
表演艺术 / 影视	68	1.3
工业安全与质量	66	1.1
电气 / 电子（不包括计算机）	66	1.1
媒体 / 出版	66	1.2
计算机与数据处理	66	1.2
幼儿与学前教育	65	0.9
生物 / 化工	65	1.1
交通运输 / 邮电	63	1.0
机动车机械 / 电子	63	1.0
机械 / 仪器仪表	63	1.0
财务 / 审计 / 税务 / 统计	62	1.0
律师 / 律政调查员	61	1.0
文化 / 体育	60	1.0
农 / 林 / 牧 / 渔类	59	1.0
中小学教育	57	0.8
环境保护	57	0.9
医疗保健 / 紧急救助	50	0.6
行政 / 后勤	48	0.7
公安 / 检察 / 法院 / 经济执法	46	0.6
社区工作	41	0.6
全国本科	61	1.0

注：个别职业类因为样本较少，没有包括在内。

资料来源：麦可思－中国 2019 届大学毕业生五年后职业发展跟踪评价。

表6-11　2019届本科生毕业五年内在主要职业类获得职位晋升的情况（研究生学历）

单位：%，次

职业类	晋升比例	晋升次数
经营管理	67	1.1
销售	57	0.9
财务 / 审计 / 税务 / 统计	55	0.9
互联网开发及应用	54	0.8
金融（银行 / 基金 / 证券 / 期货 / 理财）	53	0.9
人力资源	52	0.8
美术 / 设计 / 创意	52	0.8
律师 / 律政调查员	50	0.7
生产 / 运营	47	0.7
计算机与数据处理	47	0.6
职业培训 / 其他教育	44	0.8
媒体 / 出版	44	0.7
中小学教育	41	0.5
建筑工程	37	0.6
行政 / 后勤	35	0.5
机械 / 仪器仪表	33	0.5
电气 / 电子（不包括计算机）	33	0.4
农 / 林 / 牧 / 渔类	32	0.4
公安 / 检察 / 法院 / 经济执法	31	0.4
机动车机械 / 电子	30	0.4
电力 / 能源	29	0.4
生物 / 化工	28	0.3
环境保护	27	0.3
医疗保健 / 紧急救助	21	0.3
全国本科	39	0.6

注：个别职业类因为样本较少，没有包括在内。

资料来源：麦可思－中国 2019 届大学毕业生五年后职业发展跟踪评价。

三　职场忠诚度

（一）离职率与雇主数

离职率：指毕业半年内（从 7 月毕业时到 12 月 31 日）有过工作经历的毕业生发生过离职的比例。离职率＝曾经有离职行为的毕业生人数 / 现在工作加上曾经工作过的毕业生人数。

雇主数：指毕业生从第一份工作到毕业五年后的跟踪评价时点，一共为多少个雇主工作过。雇主数越多，则工作转换得越频繁；雇主数可以反映毕业生工作稳定的程度。由于部分毕业生毕业后升学，进入职场时间存在差异，故本书区分当前学历分析雇主数，往年分析仅针对本科学历进行分析，特此说明。

应届本科生毕业半年内离职率在 21% 左右，2024 届的离职率为 21%，较往年变化不大（如图 6-8），表明毕业生在入职初期对工作适应性相对稳定。其中，"双一流"院校毕业生的职场稳定性表现更为突出，离职率为 12%，明显低于地方本科院校的 23%（见图 6-9），这一差异可能与"双一流"院校毕业生拥有更为优质的就业资源和职业发展平台有关。

图 6-8　2020~2024 届本科生毕业半年内的离职率

资料来源：麦可思 - 中国 2020~2024 届大学毕业生培养质量跟踪评价。

图 6-9 2020~2024 届各类本科院校毕业生毕业半年内的离职率

资料来源：麦可思－中国 2020~2024 届大学毕业生培养质量跟踪评价。

从毕业五年内的雇主数来看，2019 届本科生毕业五年内的平均雇主数为 1.9 个，其中本科学历毕业生入职的工作时间更长，因而更换次数更多。（见图 6-10、图 6-11）。

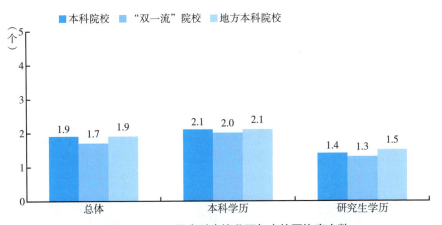

图 6-10 2019 届本科生毕业五年内的平均雇主数

资料来源：麦可思－中国 2019 届大学毕业生五年后职业发展跟踪评价。

图 6-11　2019 届本科生毕业五年内的雇主数分布

资料来源：麦可思－中国 2019 届大学毕业生五年后职业发展跟踪评价。

从各学科门类来看，毕业生因所处就业领域、单位性质的差异，就业稳定性各有不同。

具体来看，医学毕业生的就业稳定性最强，这可能与医学专业的特殊性和对专业人才的高需求有关。医学毕业生在毕业半年内的离职率连续三届均在 15% 以下，同时毕业生工作五年内的雇主数（本科学历 1.7 个、研究生学历 1.2 个）也最低，这与医学相关职业的专业成长路径、持续教育和职业资格认证的要求有关。

相对而言，艺术学毕业生的职场流动性较强，毕业半年内的离职率（31%）和毕业五年内的雇主数（本科学历 2.4 个、研究生学历 1.7 个）均最高（见表 6-12、表 6-13）。艺术学专业的这一特点与相关领域非标准劳动形式、项目制、自由职业等类型的工作较多有关，从业者往往需要频繁更换项目或岗位，稳定性相对较弱。

表 6-12　2022~2024 届本科各学科门类毕业生毕业半年内的离职率

单位：%

学科门类	2024 届	2023 届	2022 届
医学	13	14	14
历史学	13	14	14

续表

学科门类	2024 届	2023 届	2022 届
理学	16	18	20
法学	17	18	18
工学	19	20	17
教育学	20	20	18
经济学	23	25	25
农学	24	25	27
管理学	25	26	25
文学	26	27	26
艺术学	31	32	32
全国本科	21	22	21

注：个别学科门类因为样本较少，没有包括在内。

资料来源：麦可思－中国 2022~2024 届大学毕业生培养质量跟踪评价。

表 6-13　2019 届本科各学科门类毕业生毕业五年内的平均雇主数

单位：个

学科门类	本科学历	研究生学历
医学	1.7	1.2
教育学	1.8	1.5
理学	2.0	1.4
法学	2.0	1.4
经济学	2.1	1.5
工学	2.1	1.4
管理学	2.2	1.6
文学	2.2	1.5
农学	2.2	1.4
艺术学	2.4	1.7
全国本科	2.1	1.4

注：个别学科门类因为样本较少，没有包括在内。

资料来源：麦可思－中国 2019 届大学毕业生五年后职业发展跟踪评价。

（二）离职原因

毕业生离职的主要原因集中在对更高薪资福利的追求上。具体来看，2024届本科毕业生最主要的离职原因是薪资福利偏低（42%），其后是个人发展空间不够（33%）、工作要求高和压力大（31%），其中，近三届毕业生因工作要求高和压力大而离职的比例持续上升（见图6-12）。这反映了职场环境与新生代就业观念的矛盾。这也提示在当前快速变化的市场竞争环境下，企业应通过弹性办公、扁平化项目制团队、数字化协作平台，以及持续学习与多元激励等机制提升组织的灵活性。

图6-12　2022~2024届本科毕业生主动离职的原因（多选）

资料来源：麦可思-中国2022~2024届大学毕业生培养质量跟踪评价。

2024 年本科毕业生读研和留学分析

摘　要：　2024 届本科毕业生境内读研比例稳中有升，达 18.4%，其中"双一流"院校增幅更明显，五年内增幅超过 20%，2024 届达到 39.5%。与此同时，准备考研的比例连续两年下降，反映出毕业生深造决策更趋理性。读研专业选择呈现跨学科交叉趋势，"双一流"院校毕业生跨专业读研的情况增多。留学市场逐步复苏，2024 届留学比例从 2022 届的 1.3% 回升至 2.0%；留学群体中七成以上毕业后直接归国，杭州、成都、苏州等新一线城市成为一线城市之外的重要就业目的地。学历提升带来的经济回报显著，学历提升群体的月收入比未提升学历群体高出 1001 元。

关键词：　读研比例　专业选择　留学比例　学历提升效益　本科生

一　读研和留学比例

（一）境内读研的比例

近五年，应届本科毕业生境内读研比例整体稳中有升，从 2020 届的 16.4% 上升至 2024 届的 18.4%；其中，"双一流"院校毕业生境内读研比例较高且增幅更为明显，从 2020 届的 32.5% 上升至 2024 届的 39.5%，上升幅度超过 20%（见图 7-1）。这一特点与"双一流"院校的科研基础、升学机会以及学生自我期待有关；"双一流"院校作为学术科研型人才培养高地，本科阶段的培养相对侧重于提升学生的学术能力，其本科毕业生更倾向于通过读研提升竞争力，此外"双一流"院校较高的保研率也能为毕业生提供更多升学机会。

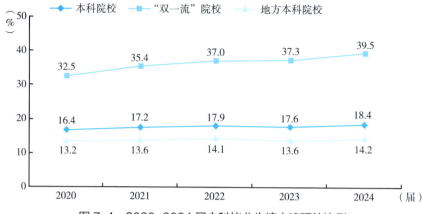

图 7-1 2020~2024 届本科毕业生境内读研的比例

资料来源：麦可思－中国 2020~2024 届大学毕业生培养质量跟踪评价。

近五年，应届本科毕业生准备考研的比例有所回落。2024 届本科毕业生准备境内考研的比例为 4.6%，相比前两届进一步下降（见图 7-2）。中国教育在线编制的《2025 年全国研究生招生调查报告》显示，2025 年全国硕士研究生考试报名人数 388 万，较 2024 年减少 50 万，较 2023 年减少 86 万人，考研报名人数连续两年下降。毕业升学决策更加理性。

图 7-2 2020~2024 届本科毕业生暂不工作准备考研的比例

资料来源：麦可思－中国 2020~2024 届大学毕业生培养质量跟踪评价。

准备考研的毕业生仍以二战考研为主。2024 届正在准备考研的毕业生中，有 80% 的人已经参加过研究生考试（见图 7-3），初次考研失利的首要原因是初试总分未达到录取线（55%）（见图 7-4）。对于真正有意向考研的学生，高校可通过提供专项考研辅导、设立专属考研自习空间、组织考研经验分享、提供心理关怀等多方面举措，帮助学生提升备考效率和初试成绩，从而更好地提升初次考研的成功率。

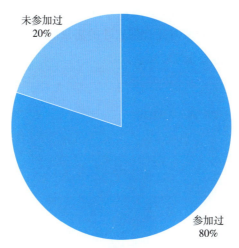

图 7-3　2024 届本科毕业半年后准备考研人群，参加过研究生考试的比例

资料来源：麦可思 – 中国 2024 届大学毕业生培养质量跟踪评价。

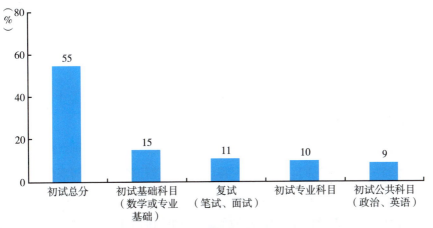

图 7-4　2024 届本科毕业半年后准备考研人群，初次考研未通过的科目

资料来源：麦可思 – 中国 2024 届大学毕业生培养质量跟踪评价。

从读研专业选择来看，2024届正在读研的本科毕业生中，读研专业与本科专业的相关度为72%，与2023届（73%）基本持平；其中，"双一流"院校毕业生读研专业与本科专业的相关度有所下降，2024届（73%）比2023届（76%）低了3个百分点；地方本科院校毕业生读研专业和本科专业的相关度保持相对稳定，2024届为71%（见图7-5）。

"双一流"院校毕业生跨专业读研的情况明显增多，这或许和学科交叉融合加速、交叉学科扩张等因素有关，学科边界逐渐模糊；此外，人工智能、大数据、新能源等新兴领域对复合型人才的需求激增，这也促使越来越多的毕业生转向相应的学科专业领域深造。

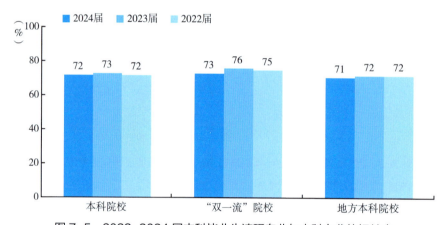

图7-5　2022~2024届本科毕业生读研专业与本科专业的相关度

资料来源：麦可思－中国2022~2024届大学毕业生培养质量跟踪评价。

各学科门类境内读研的比例＝各学科门类境内读研的毕业生人数/该学科门类毕业生总人数。

从各学科门类来看，农学、理学、医学毕业生的境内读研比例连续三届均超过25%（见表7-1），这与学科特性以及职业门槛有关，与现代农业、基础学科相关的领域涉及科研需求有关。近年来医疗卫生单位（特别是三甲医院）对卫生技术人员的学历要求不断提升，更倾向于招聘高学历人才，这也促使相关学科读研比例持续高位。这些变化体现了行业需求、政策导向与毕业生择业深造决策的综合平衡。

表 7-1　2022~2024 届本科各学科门类境内读研的比例

单位：%

学科门类	2024 届	2023 届	2022 届
农学	29.6	28.8	28.1
理学	29.1	27.8	26.9
医学	27.0	27.3	28.5
历史学	24.8	24.3	22.8
工学	21.9	20.4	21.1
法学	20.0	20.1	21.1
文学	14.8	14.8	14.3
经济学	14.6	14.7	14.0
管理学	12.0	12.1	11.2
教育学	10.5	11.2	12.2
艺术学	8.5	9.0	8.1
全国本科	18.4	17.6	17.9

注：个别学科门类因为样本较少，没有包括在内。

资料来源：麦可思－中国 2022~2024 届大学毕业生培养质量跟踪评价。

在 2024 届本科毕业生攻读学术学位的主要研究生学科类别分布中，化学、生物学、材料科学与工程、法学、马克思主义理论的占比相对较高；排名前十位的学科中，基础学科占了 4 个（化学、生物学、物理学、数学）（见表 7-2），这也体现了基础学科鲜明的科研导向。

表 7-2　2024 届本科毕业生读研的主要研究生学科类别（学术学位）

单位：%

学科类别	占比	学科类别	占比
化学	5.1	基础医学	1.7
生物学	4.6	临床医学	1.7

续表

学科类别	占比	学科类别	占比
材料科学与工程	4.4	食品科学与工程	1.6
法学	3.7	土木工程	1.4
马克思主义理论	3.3	控制科学与工程	1.4
计算机科学与技术	3.1	化学工程与技术	1.4
外国语言文学	2.9	地理学	1.4
物理学	2.8	纳米科学与工程	1.4
数学	2.7	电子科学与技术	1.3
药学	2.6	管理科学与工程	1.3
工商管理	2.4	哲学	1.2
中国语言文学	2.4	中国史	1.2
机械工程	2.4	心理学	1.1
应用经济学	2.1	统计学	1.1
信息与通信工程	2.0	新闻传播学	1.1
环境科学与工程	2.0	体育学	1.1
教育学	1.8	光学工程	1.0
公共管理	1.8	中药学	1.0

注：比例较低的学科类别没有展示。

资料来源：麦可思－中国2024届大学毕业生培养质量跟踪评价。

攻读专业学位的主要研究生专业领域分布中，电子信息、材料与化工、机械、教育、能源动力、临床医学的占比相对较高（见表7-3），反映出人工智能、集成电路、新能源、高端装备等领域的快速发展加剧了对相关专业领域高学历人才的需求；此外，教育、医疗等领域专业化程度不断提升，推动了职业资格与学历教育深度融合。

表7-3　2024届本科毕业生读研的主要研究生专业领域（分专业学位）

单位：%

专业领域	占比	专业领域	占比
电子信息	15.0	新闻与传播	1.9
材料与化工	8.6	体育	1.5

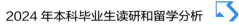

专业领域	占比	专业领域	占比
机械	6.2	社会工作	1.3
教育	6.1	设计	1.3
能源动力	4.8	国际中文教育	1.3
临床医学	4.8	工程	1.2
土木水利	3.9	应用统计	1.2
资源与环境	3.8	药学	1.1
法律	3.7	交通运输	1.0
生物与医药	3.7	应用心理	1.0
中医	3.6	公共卫生	1.0
农业推广	3.4	工程管理	0.9
翻译	2.5	护理	0.9
会计	2.4	国际商务	0.9
金融	2.0	中药学	0.8

注：比例较低的专业领域没有展示。

资料来源：麦可思－中国 2024 届大学毕业生培养质量跟踪评价。

各学科读研专业与本科专业的相关度反映了不同学科在高等教育体系中的连贯性和专业性。具体来看，法学、历史学、医学近三届毕业生读研专业与本科专业的相关度均超过 80%，这类学科专业性较强，跨考门槛较高，毕业生更倾向于在本专业领域深造。

相比之下，人文社科类学科（管理学、经济学、艺术学、文学）毕业生读研专业与本科专业的相关度较低，跨专业读研更为普遍（见表 7-4），这类学科知识的通用性较强，跨考相对灵活。当然值得关注的是，跨专业读研的学生可能存在研究生专业领域基础薄弱的情况，这不利于后续的学习；高校可相应完善本科阶段课程体系，进一步增强灵活性，以更好地适配多元化的人才需求。

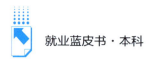

表7-4　2022~2024届本科各学科门类读研专业与本科专业的相关度

单位：%

学科门类	2024届	2023届	2022届
法学	88	89	89
历史学	86	88	84
医学	82	83	84
理学	77	81	80
工学	75	75	75
教育学	74	76	78
农学	74	75	74
文学	66	68	69
艺术学	65	69	71
经济学	60	58	57
管理学	48	50	50
全国本科	72	73	72

注：个别学科门类因为样本较少，没有包括在内。

资料来源：麦可思－中国2022~2024届大学毕业生培养质量跟踪评价。

（二）留学的比例

2023年后留学比例稳步回升，应届本科毕业生留学比例从2022届的1.3%升至2024届的2.0%；从不同院校类型来看，"双一流"院校留学比例的回升更为明显，2024届达到4.3%（见图7-6），这与"双一流"院校较为丰富的国际化资源有关，且毕业生在专业背景、学术积累等方面的优势能为其海外求学提供有力支撑。

各学科门类留学的比例＝各学科门类留学的毕业生人数／该学科门类毕业生总人数。

从各学科门类来看，人文社科类学科毕业生留学比例较高，其中经济学2022~2024届毕业生留学比例（分别为3.6%、3.6%、3.8%）持续位列第一，法学、文学、管理学、艺术学毕业生留学比例也相对较高，2024届均达到或

图 7-6　2020~2024 届本科毕业生留学的比例

资料来源：麦可思 – 中国 2020~2024 届大学毕业生培养质量跟踪评价。

超过 2.5%（见表 7-5）。

在留学专业类分布上，工商管理学依然是留学最为热门的专业类，占比达到 25.8%；留学人群选择工程科学、计算机与信息科学类专业的占比（分别为 8.0%、7.8%）也相对较高（见图 7-7），这与部分欧美国家在工程技术领域的先发优势积累以及全球数字化浪潮等因素有关，吸引了较多学生前往海外深造。

表 7-5　2022~2024 届本科各学科门类留学的比例			
			单位：%
学科门类	2024 届	2023 届	2022 届
经济学	3.8	3.6	3.6
法学	3.0	2.6	1.9
文学	2.6	2.2	1.9
管理学	2.5	2.0	1.6
艺术学	2.5	2.0	1.5
理学	1.8	1.7	1.1
工学	1.4	1.2	0.8
农学	1.1	0.9	0.3

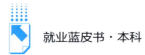
续表

学科门类	2024 届	2023 届	2022 届
历史学	1.0	0.6	0.1
医学	1.0	0.8	0.4
教育学	0.8	0.9	0.4
全国本科	2.0	1.7	1.3

注：个别学科门类因为样本较少，没有包括在内。

资料来源：麦可思－中国 2022~2024 届大学毕业生培养质量跟踪评价。

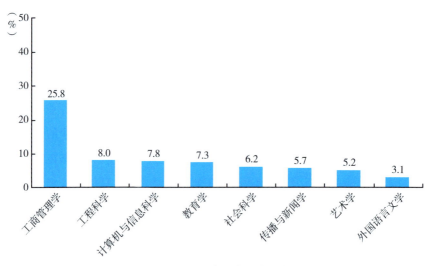

图 7-7　2024 届本科毕业生留学的主要专业类

资料来源：麦可思－中国 2024 届大学毕业生培养质量跟踪评价。

二　读研和留学动因

（一）境内读研的动因

毕业生选择读研主要是为了增强就业竞争力和满足职业发展需求。根据 2024 届毕业生的数据，毕业生因就业前景好、职业发展需要而选择读研的比例（均为 44%）较高；另外值得注意的是，毕业生因就业难暂时读研的比例呈上升趋势（见图 7-8），这也在一定程度上反映出当前整体就业压力持续加大，部分毕业生对未来发展方向存在较大的不确定性。针对这一现象，高校需提供更具针对性的指导与帮扶，通过加大就业市场信息供给、深化职业咨询与生涯规划教育等方式，切实帮助学生理性决策，从而在不断变化的就业环境中做出更符合长期发展需求的选择，减少非理性读研的情况。

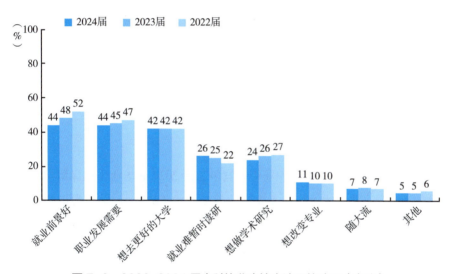

图 7-8　2022~2024 届本科毕业生境内读研的动因（多选）

资料来源：麦可思 – 中国 2022~2024 届大学毕业生培养质量跟踪评价。

面对日益激烈的考研竞争，本科毕业生在选择读研院校时的考量因素发生了变化。具体来看，2024 届读研群体中，关注所学专业的声誉的比例（24%）仍较高，与此同时关注学校所在城市的比例（23%）相比前两届有所上升（见图 7-9），这也体现了就业区位锁定效应的强化，地处发达城市的高校在教育资源、科研条件等方面往往具有优势，学生后续实习、求职也拥有较多便利，这促使越来越多的学生选择在目标就业城市的高校读研。

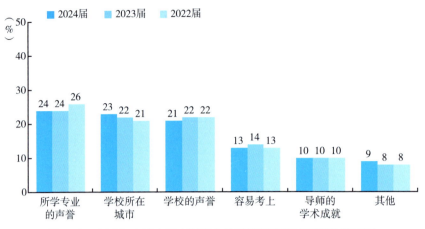

图 7-9　2022~2024 届本科毕业生选择读研院校时关注的因素

资料来源：麦可思－中国 2022~2024 届大学毕业生培养质量跟踪评价。

（二）留学的动因

在留学动因方面，增强职业综合竞争力是 2024 届毕业生选择留学的首要因素（29%）；其后依次是接受先进的教育方式（22%）、学习先进的知识和技能（20%）等（见图 7-10）。

留学经历对毕业生职业综合竞争力的提升主要体现在专业能力精进、知识结构优化以及国际视野拓展等方面。通过系统接触前沿学术成果与产业实践，深度融入多元文化环境，毕业生得以构建起复合型的竞争优势，这不仅能促进个人职业素养的提升，也能培育全球化背景下创新发展的关键能力。

毕业生留学后的"回国意愿"较强，在 2024 届选择留学的本科毕业生中，计划完成学业后直接回到境内工作的比例为 49%（见图 7-11）。

从实际归国情况来看，本科毕业后留学群体七成以上学成归国。跟踪 2019 届本科毕业后留学群体的数据显示，五年后有 74% 的人选择回国（见图 7-12），反映出留学归国人员对国内市场的信心和对国内发展机会的重视。

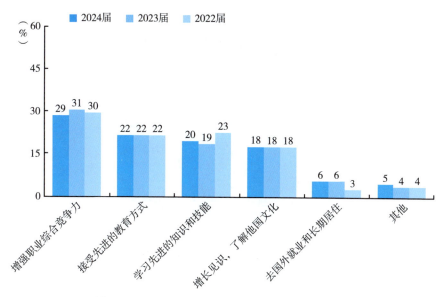

图 7-10　2022~2024 届本科毕业生留学的动因

资料来源：麦可思－中国 2022~2024 届大学毕业生培养质量跟踪评价。

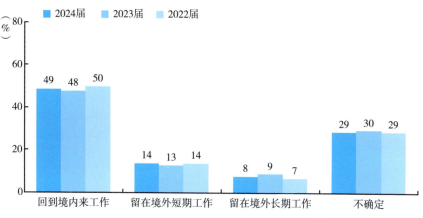

图 7-11　2022~2024 届本科毕业生留学后的回国意愿

资料来源：麦可思－中国 2022~2024 届大学毕业生培养质量跟踪评价。

留学归国人员在选择居住城市时，一线城市是首选，其中上海、北京、深圳占据明显优势，吸引了大量留学归国人员，分别有 19.3%、14.6%、9.9% 的留学归国群体选择在上述城市居住。这类城市外企相对密集，能够较好地匹配留学归国人员的国际化背景。

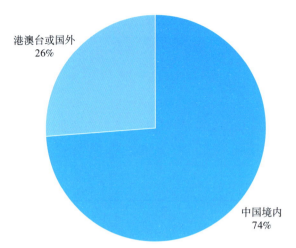

图 7-12　2019 届本科毕业半年后留学人群五年后的居住地分布

资料来源：麦可思－中国 2019 届大学毕业生五年后职业发展跟踪评价，2019 届大学毕业生培养质量跟踪评价。

　　与此同时，以杭州、成都、苏州等为代表的新一线城市凭借产业特色、人才政策等方面的优势，也成为留学归国人员的重要选择（见表 7-6）。

表 7-6　2019 届本科毕业半年后留学人群五年后在境内的主要居住城市	
	单位：%
城市	占比
上海	19.3
北京	14.6
深圳	9.9
杭州	4.9
广州	4.4
成都	3.5
苏州	2.9
南京	2.5
武汉	2.2
西安	1.8

资料来源：麦可思－中国 2019 届大学毕业生五年后职业发展跟踪评价，2019 届大学毕业生培养质量跟踪评价。

三　职业发展

（一）用人单位分布

升学人群在五年后的就业选择反映了不同的就业倾向和职业规划。具体来看，无论是境内读研人群，还是留学人群，选择在民营企业／个体就业的比例（分别为 30%、40%）均较高，这表明民企因其灵活性和创新性吸引了较多研究生。同时，境内读研人群更倾向于在政府机构／科研或其他事业单位就业，占比达到 40%，远超留学人群的 19%，这可能与境内读研人群更加求稳有关。留学人群则更倾向于在中外合资／外资／独资企业就业，占比达到 17%，远超境内读研人群（4%）（见图 7-13），这可能与留学人群的国际化背景和对跨国公司工作环境的适应性有关。

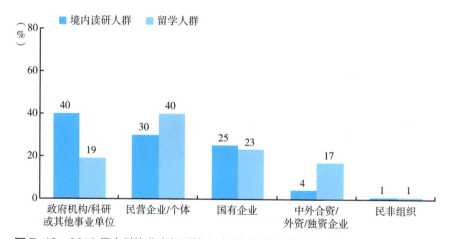

图 7-13　2019 届本科毕业半年后境内读研与留学人群五年后就业的用人单位类型

资料来源：麦可思 - 中国 2019 届大学毕业生五年后职业发展跟踪评价，2019 届大学毕业生培养质量跟踪评价。

（二）就业质量

2019 届本科生中，超过三成（31%）在毕业五年后有过研究生教育经历，其中 26% 有过硕士教育经历，5% 有过博士教育经历；其中，"双一流"院校毕业生有过研究生教育经历的比例达到 55%，明显高于地方本科院校（26%）（见图 7-14）。

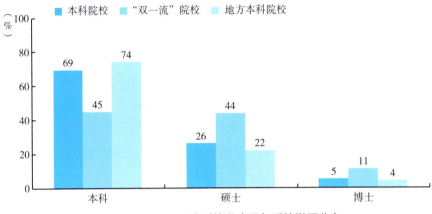

图 7-14　2019 届本科毕业生五年后的学历分布

资料来源：麦可思 – 中国 2019 届大学毕业生五年后职业发展跟踪评价。

学历提升对于毕业生的收入水平、就业满意度具有显著的正面影响。2019 届本科毕业生在毕业五年后，将学历提升至研究生的毕业生月收入达到 11353 元，比未提升学历的本科毕业生（10352 元）高出 1001 元（见图 7-15）。这一差异表明，继续深造和提升学历能够为毕业生带来经济上的回报，增强其在就业市场上的竞争力。

从本科毕业五年后的就业满意度来看，将学历提升至研究生的毕业生就业满意度为 85%，明显高于未提升学历的本科毕业生（80%）（见图 7-16）。这一差异表明，通过继续深造和提升学历，毕业生在职场中获得了更高的工作满意度和职业幸福感。

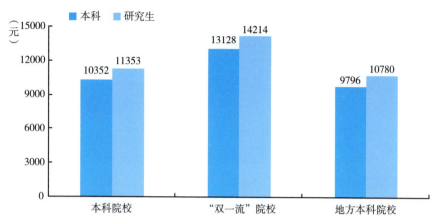

图 7-15　2019 届不同学历本科生毕业五年后的月收入

资料来源：麦可思 – 中国 2019 届大学毕业生五年后职业发展跟踪评价。

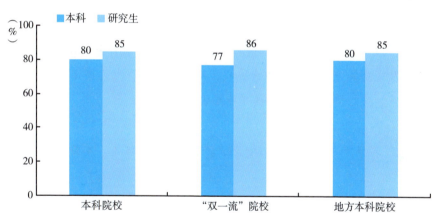

图 7-16　2019 届不同学历本科生毕业五年后的就业满意度

资料来源：麦可思 – 中国 2019 届大学毕业生五年后职业发展跟踪评价。

B.8
2024 年本科毕业生灵活就业分析

摘　要： 本科毕业生灵活就业规模持续扩大，择业方式更加多元化。2024 届本科毕业生灵活就业比例为 5.8%，较上届（5.1%）进一步上升；就业形式涵盖受雇半职工作、自由职业和自主创业，其中自主创业毕业生的就业满意度达到 88%，反映出对自我价值实现的积极认同。行业分布方面，数字经济推动下的新文化产业成为灵活就业的首选方向，短视频、直播、电竞、数字内容创作等领域迅速崛起，为毕业生提供了广泛的职业选择。随着职场经验的积累，毕业五年后创业比例升至 2.8%，其中 74% 的项目实现盈利，91% 的创业者吸纳了员工。然而，灵活就业群体在技能提升、社会保障及资金等方面仍面临较大挑战，建议政府进一步完善相关保障体系，高校则需加强对学生的新业态的技能培训。

关键词： 灵活就业　新业态　创业带动就业　保障体系　本科生

一　灵活就业比例

2024 届本科毕业生中，有 5.8% 的人在毕业半年后选择了灵活就业，高于 2023 届的 5.1%。灵活就业包括受雇半职工作（1.7%）、自由职业（2.5%）和自主创业（1.6%），这些就业方式为毕业生提供了更多的工作选择和职业发展路径（见图 8-1）。从不同院校类型来看，地方本科院校毕业生选择灵活就业的比例（6.3%）更高，这也和毕业生的求职竞争难度有关。

这一趋势既反映了就业市场变化与毕业生择业观念变化的双重驱动。建议政府部门持续完善灵活就业的保障机制，高校应加强针对新型就业形态的指导服务，以提升毕业生在灵活就业环境中的适应力与发展力。

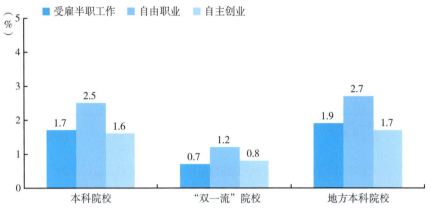

图 8-1　2024 届本科毕业生各类灵活就业的比例

资料来源：麦可思－中国 2024 届大学毕业生培养质量跟踪评价。

教育领域对 2024 届灵活就业毕业生的吸纳程度相比往年有所下降，毕业生灵活就业的选择更加多元化。具体数据显示，受雇半职工作的本科毕业生中有 35.0% 服务于教育业，自由职业者中从事教育业的占 18.1%，自主创业者中从事教育业的占 12.2%（见图 8-2、图 8-3、图 8-4），与 2023 届（分别

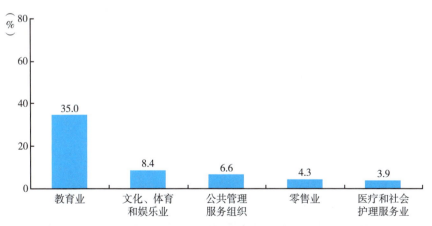

图 8-2　2024 届本科毕业生受雇半职工作最集中的前五位行业类

资料来源：麦可思－中国 2024 届大学毕业生培养质量跟踪评价。

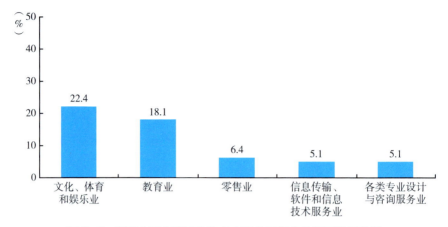

图8-3　2024届本科毕业生自由职业最集中的前五位行业类

资料来源：麦可思－中国2024届大学毕业生培养质量跟踪评价。

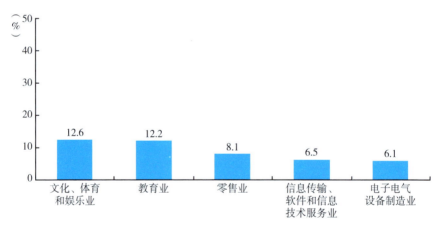

图8-4　2024届本科毕业生自主创业最集中的前五位行业类

资料来源：麦可思－中国2024届大学毕业生培养质量跟踪评价。

为35.5%、18.9%、13.7%）相比有所下降，这一变化背后既有政策调控（如"双减"政策）的影响，也有新兴领域的分流。

　　与此同时，数字经济和文化创意等领域快速发展，为灵活就业毕业生提供了更多选择。其中，文体娱乐产业是2024届自由职业、自主创业毕业生的首选。短视频、直播、电竞、数字内容创作等新型文化业态的涌现大幅降低了行业准入门槛，为灵活就业毕业生提供了更多选择。需关注的是，灵活就业群体普遍面临社保缺失、收入波动大等挑战。建议完善灵活就业保障政策，高校加强对新业态的指导培训。

二 灵活就业质量

灵活就业毕业生的就业质量呈现不同的特点。自主创业群体就业满意度较高，这可能与自主创业带来的自主性、创造性和成就感有关。2024届选择自主创业的本科毕业生就业满意度为88%，高于本科毕业生平均水平（81%）（见图 8-5、图 8-6）。这表明，虽然自主创业面临更大不确定性和风险，但对于追求挑战和自我价值的毕业生而言，它更有可能带来更强的职业成就。

相比之下，自由职业、受雇半职工作群体的月收入均相对较低，此外，受雇半职工作群体的就业满意度也偏低。这可能与相关工作形式的稳定性较弱、缺乏充分的社会保障和福利待遇有关。灵活就业虽然提供了较高的工作自由度，但在制度保障和政策支持方面仍有待进一步完善。

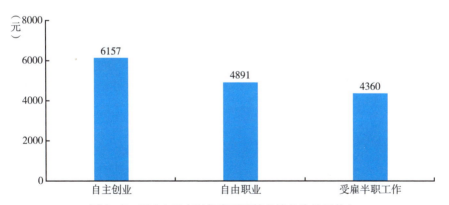

图 8-5　2024 届本科各类灵活就业毕业生的月收入

资料来源：麦可思－中国 2024 届大学毕业生培养质量跟踪评价。

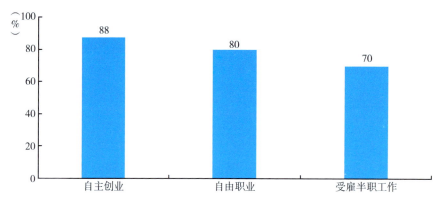

图 8-6　2024 届本科各类灵活就业毕业生的就业满意度

资料来源：麦可思 – 中国 2024 届大学毕业生培养质量跟踪评价。

三　自主创业人群职业发展

毕业生自主创业的比例随着毕业时间的延长而持续上升，这表明随着毕业生在职场中经验和资源的积累，其创业意愿和能力均有所增强。2019 届本科毕业生在毕业半年后的自主创业比例为 1.6%，到毕业五年后，这一比例上升至 2.8%（见图 8-7）。

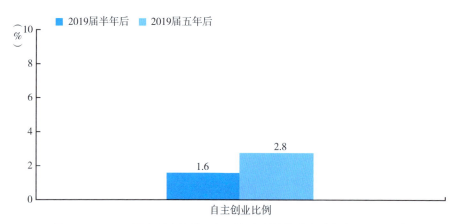

图 8-7　2019 届本科生毕业五年后自主创业的比例（与半年后对比）

资料来源：麦可思 – 中国 2019 届大学毕业生五年后职业发展跟踪评价，2019 届大学毕业生培养质量跟踪评价。

数据显示，毕业五年后开展自主创业的本科毕业生中，九成以上（2019届 91%）拥有雇员，且以小微型团队为主，60% 的项目配备 1~10 名员工，23% 拥有 11~50 名员工（见图 8-8），说明绝大多数创业者不仅实现了个人就业，也在稳步带动一定规模的岗位创造，为就业增添了新活力。

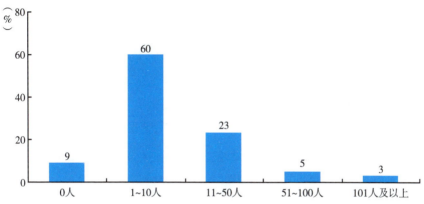

图 8-8　2019 届本科生毕业五年后自主创业项目的雇员数分布

资料来源：麦可思－中国 2019 届大学毕业生五年后职业发展跟踪评价。

从创业项目的盈利情况来看，2019 届本科生毕业五年后自主创业的毕业生中，七成以上（74%）表示自己的创业项目已开始盈利，其中 18% 已实现大规模盈利，56% 略有盈余（见图 8-9）。

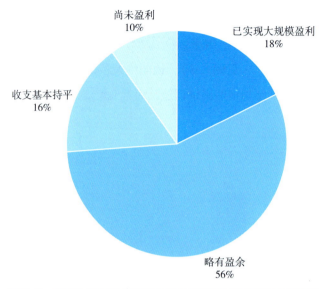

图 8-9　2019 届本科生毕业五年后自主创业项目的盈利情况

资料来源：麦可思 – 中国 2019 届大学毕业生五年后职业发展跟踪评价。

B.9
2024 年本科毕业生能力分析

摘　要： 本科毕业生基本工作能力培养成效显著，2024 届能力满足度达到 90%，较 2020 届提升 4 个百分点。具体来看，毕业生在判断与决策能力方面表现突出（满足度 91%）；同时，AI 辅助编程工具的成熟有效提升了毕业生的电脑编程能力（2024 届满足度 86%）。然而，终身学习能力对毕业生的长期职业发展至关重要，其满足程度相比其他通用能力仍有较大提升空间。在素养培养方面，高校"立德树人"取得显著成效，毕业生在理想信念、守法诚信意识方面表现良好；但在全球化与数字化背景下，毕业生的国际视野与数字素养仍显不足，建议高校系统性加强相关技能培养，以更好地适应技术变革与全球化趋势下的人才需求。

关键词： 终身学习　数字素养　国际视野　本科生

一　本科生基本工作能力评价

（一）背景介绍

工作能力：从事某项职业工作必须具备的能力，分为职业能力和基本工作能力。职业能力是从事某一职业特别需要的能力，基本工作能力是所有工作都必须具备的能力，麦可思参考美国 SCANS 标准，把基本工作能力分为 35 项。根据麦可思的工作能力分类，中国大学生可以从事的职业近 600 个，对应的能力近万条。

五大类基本工作能力：麦可思参考美国 SCANS 标准，将 35 项基本工作

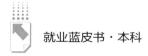

能力划归为五大类型，分别是理解与交流能力、科学思维能力、管理能力、应用分析能力和动手能力（见表9-1）。

表9-1　基本工作能力定义

序号	五大类能力	基本工作能力	描述
1	理解与交流能力	理解性阅读	理解工作文件的句子和段落
2	理解与交流能力	积极聆听	理解对方讲话的要点，适当地提出问题
3	理解与交流能力	有效的口头沟通	交谈中有效地传递信息
4	理解与交流能力	积极学习	理解信息中的启示，用于解决问题，帮助作出决定
5	理解与交流能力	学习方法	在训练和指导工作时选择方法与程序
6	理解与交流能力	理解他人	关注并理解他人的反应
7	理解与交流能力	服务他人	积极地寻找方法来帮助他人
8	科学思维能力	针对性写作	根据读者需求有效地传递信息
9	科学思维能力	数学解法	用数学方法来解决问题
10	科学思维能力	科学分析	用科学的原理和方法来解决问题
11	科学思维能力	逻辑思维	运用逻辑推理来判定解决问题的建议、结论和方法的优缺点
12	管理能力	绩效监督	监督和评估自己、他人或组织的绩效以采取改进行动
13	管理能力	协调安排	根据他人的需要调整工作安排
14	管理能力	说服他人	说服他人改变想法或者行为
15	管理能力	谈判技能	与他人沟通并且达成一致
16	管理能力	指导他人	指导他人怎样去做一件事
17	管理能力	解决复杂的问题	识别复杂问题并查阅信息以发现和评估解决方案
18	管理能力	判断和决策	考虑各方案的成本和收益，决定最合适的方案
19	管理能力	时间管理	管理自己和他人的时间
20	管理能力	财务管理	决定怎样花钱以完成工作，并为这些开支记账核算
21	管理能力	物资管理	如何按照工作的特定需要获得设备、厂房和材料，以及监督其合理使用
22	管理能力	人力资源管理	在工作中激发、指导人们的工作，寻找适合各项工作的人
23	应用分析能力	设计思维	分析需求和生产的可能性以开发出新产品
24	应用分析能力	技术设计	按要求设计和修改设备与技术
25	应用分析能力	设备选择	决定使用哪一种工具和设备来做一项工作
26	应用分析能力	质量控制分析	对产品、服务或工作程序进行测试和检查以评价其质量和绩效

续表

序号	五大类能力	基本工作能力	描述
27	应用分析能力	操作监控	监视仪表、控制器和其他指示器以保证机器正常运行
28	应用分析能力	操作和控制	控制设备和系统的运行
29	应用分析能力	设备维护	对设备进行日常维护并决定什么时候进行何种维护
30	应用分析能力	疑难排解	判断出操作错误的产生原因并决定纠错对策
31	应用分析能力	系统分析	判定变化对一个系统运行结果的影响
32	应用分析能力	系统评估	识别系统绩效的评估方法或指标，根据系统目标制订行动来改进系统表现
33	动手能力	安装能力	按照特定要求来安装设备、机器、管线或程序
34	动手能力	电脑编程	为各种目的编写电脑程序
35	动手能力	维修机器和系统	使用必要的工具来修理机器和系统

基本工作能力的重要度：用于定义正在工作的大学毕业生所理解的 35 项基本工作能力在其岗位工作中的重要程度，评价结果包括"不重要"、"有些重要"、"重要"、"非常重要"和"极其重要"。

工作岗位要求的基本工作能力水平：用于定义正在工作的大学毕业生所理解的工作对 35 项基本工作能力的要求级别，从低到高分为一级到七级。一级代表该能力的最低水平，取值 1/7；七级代表该能力的最高水平，取值 1。

毕业时掌握的基本工作能力水平：用于定义正在工作的大学毕业生所理解的在刚毕业时对 35 项基本工作能力实际掌握的级别，从低到高分为一级到七级。一级代表该能力的最低水平，取值 1/7；七级代表该能力的最高水平，取值 1。

基本工作能力的满足度：毕业时掌握的基本工作能力水平满足社会初始岗位的工作要求的百分比，100% 为完全满足。

（二）基本工作能力重要度和满足度

近五年，全国本科毕业生毕业时掌握的基本工作能力水平稳步提升，从 2020 届的 58% 增长至 2024 届的 62%。从不同院校类型看，"双一流"院校、地方本科院校近五年分别上升了 3 个、4 个百分点，2024 届分别达到 61%、62%（见图 9-1、图 9-2）。这与高校对课程设置的调整、实践教学的加强以及与行业需求的对接有关。

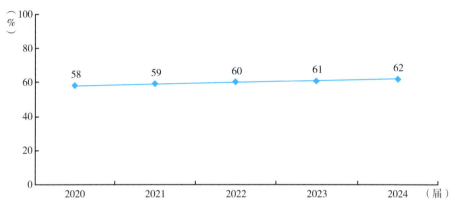

图 9-1　2020~2024 届本科毕业生毕业时掌握的基本工作能力水平

资料来源：麦可思－中国 2020~2024 届大学毕业生培养质量跟踪评价。

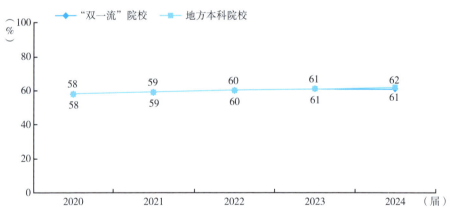

图 9-2　2020~2024 届各类本科院校毕业时掌握的基本工作能力水平

资料来源：麦可思－中国 2020~2024 届大学毕业生培养质量跟踪评价。

应届本科毕业生的能力达成效果持续提升，近五年，本科毕业生的基本工作能力满足度从 2020 届的 86% 增长至 2024 届的 90%；反映了毕业生在知识和技能方面的提升，较好地适应了初始岗位要求。分院校类型看，"双一流"院校、地方本科院校 2024 届毕业生的能力满足度分别达到 88%、90%（见图 9-3、图 9-4）。

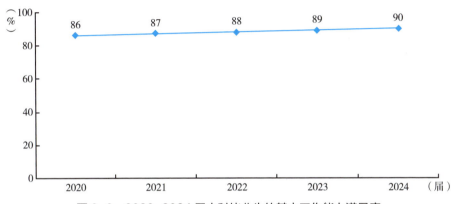

图 9-3　2020~2024 届本科毕业生的基本工作能力满足度

资料来源：麦可思 - 中国 2020~2024 届大学毕业生培养质量跟踪评价。

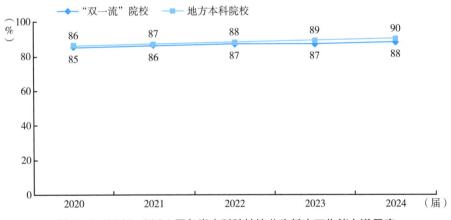

图 9-4　2020~2024 届各类本科院校毕业生基本工作能力满足度

资料来源：麦可思 - 中国 2020~2024 届大学毕业生培养质量跟踪评价。

从毕业生各类基本工作能力评价来看，2024 届本科毕业生认为管理能力中的判断和决策、谈判技能等能力，应用分析能力中的疑难排解等能力，以及动手能力中的电脑编程能力重要程度较高，这些能力对于毕业生在职场中的工作表现和职业发展至关重要。值得关注的是电脑编程能力的满足度相比往届有较为明显的上升，2024届达到了86%（见图9-5），反映出随着AI辅助编程工具、低代码平台的成熟，基础编程的技术门槛下降。当然与此同时，AI辅助编程离不开人的精准需求描述、代码审校、技术选型与集成调试，这些更高阶的编程相关能力是数字时代从业者数字技能的重要体现，高校在后续培养过程中可进一步侧重于学生的数字技能培养。

通用能力：毕业生中长期职场发展高度依赖可迁移能力，具体可划分为以下四个维度。

认知技能：包含创新能力、解决复杂问题能力。

自我管理：包含终身学习能力、适应能力、职业规划能力。

沟通协作：包含团队合作能力、沟通能力。

资源管理：包含资源整合能力、领导能力。

能力需求水平：用于定义毕业五年后毕业生所从事的工作对各项能力的需求级别，从低到高分为一级到七级，一级代表该能力的最低水平，取值1/7，七级代表该能力的最高水平，取值1。

能力掌握水平：用于定义毕业五年后毕业生对各项能力的实际掌握级别，从低到高分为一级到七级。取值同需求水平。

能力满足度：毕业五年后能力掌握水平满足工作需求水平的百分比，100%为完全满足。

进入职场五年后，本科毕业生在各项可迁移能力上能够有效支撑岗位需求，2019届本科毕业生能力满足度整体在92%或以上，其中在自我管理维度，终身学习能力在工作中的需求度（68%）最高，但其满足度（92%）相对偏低（见图9-6），表明毕业生在快速迭代的信息技术环境和知识更新节奏下，持续学习和自主提升仍面临挑战。

图 9-5　2024 届本科毕业生的各项基本工作能力的重要度和满足度

资料来源：麦可思 – 中国 2024 届大学毕业生培养质量跟踪评价。

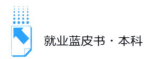

建议高校加强培养学生的学习主动性，通过项目式学习、翻转课堂、案例研讨等教学方式，更好地激发学生的自主学习意识，帮助其在校期间养成持续更新知识的习惯。

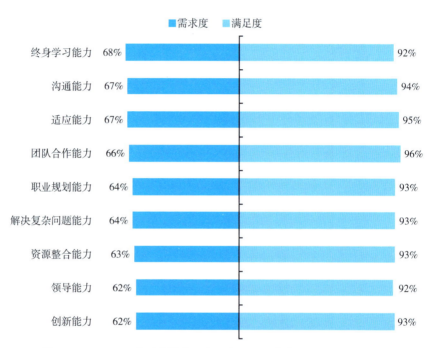

图 9-6　2019 届本科生毕业五年后各项通用能力的需求度和满足度

资料来源：麦可思－中国 2019 届大学毕业生五年后职业发展跟踪评价。

（三）主要职业、专业最重要的前3项基本工作能力的满足度

不同职业与专业领域对毕业生核心能力的侧重点各异（见表 9-2、表 9-3）。例如，人力资源、表演艺术／影视类岗位更看重时间管理与理解他人，互联网开发及应用、计算机与数据处理类岗位则侧重疑难排解、电脑编程。建议高校依据行业需求，精准融入实习实训和项目驱动课程，强化"能力本位"教学，提升毕业生的岗位胜任力。

表 9-2　2024 届本科主要职业类最重要的 3 项基本工作能力满足度

单位：%

职业类	最重要的 3 项基本工作能力	能力满足度
保险	谈判技能	88
	有效的口头沟通	89
	服务他人	90
表演艺术 / 影视	时间管理	92
	有效的口头沟通	93
	理解他人	94
财务 / 审计 / 税务 / 统计	积极聆听	92
	服务他人	92
	有效的口头沟通	92
餐饮 / 娱乐	协调安排	92
	时间管理	93
	服务他人	94
测绘	学习方法	92
	有效的口头沟通	93
	科学分析	94
电力 / 能源	设备维护	84
	积极学习	88
	有效的口头沟通	91
电气 / 电子（不包括计算机）	有效的口头沟通	92
	技术设计	89
	疑难排解	88
房地产经营	积极学习	90
	谈判技能	88
	有效的口头沟通	89
工业安全与质量	积极聆听	94
	有效的口头沟通	90
	疑难排解	90
公安 / 检察 / 法院 / 经济执法	有效的口头沟通	89
	判断和决策	90
	谈判技能	89

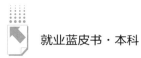

续表

职业类	最重要的 3 项基本工作能力	能力满足度
互联网开发及应用	疑难排解	89
	电脑编程	86
	时间管理	92
环境保护	有效的口头沟通	90
	学习方法	90
	科学分析	91
机动车机械 / 电子	有效的口头沟通	89
	疑难排解	87
	质量控制分析	88
机械 / 仪器仪表	质量控制分析	85
	疑难排解	87
	有效的口头沟通	86
计算机与数据处理	有效的口头沟通	90
	疑难排解	89
	电脑编程	86
建筑工程	协调安排	91
	有效的口头沟通	91
	疑难排解	90
交通运输 / 邮电	疑难排解	89
	协调安排	93
	积极聆听	93
金融（银行 / 基金 / 证券 / 期货 / 理财）	服务他人	91
	理解他人	93
	学习方法	92
经营管理	谈判技能	91
	判断和决策	91
	积极学习	90
酒店 / 旅游 / 会展	积极聆听	95
	积极学习	92
	有效的口头沟通	92

续表

职业类	最重要的 3 项基本工作能力	能力满足度
矿山 / 石油	解决复杂的问题	93
	有效的口头沟通	93
	学习方法	92
律师 / 律政调查员	解决复杂的问题	84
	积极聆听	88
	谈判技能	85
媒体 / 出版	有效的口头沟通	93
	时间管理	93
	判断和决策	92
美术 / 设计 / 创意	设计思维	92
	有效的口头沟通	92
	技术设计	92
农 / 林 / 牧 / 渔类	学习方法	91
	有效的口头沟通	90
	疑难排解	90
人力资源	积极聆听	92
	时间管理	90
	理解他人	92
社区工作者	有效的口头沟通	91
	积极聆听	92
	理解他人	92
生产 / 运营	疑难排解	88
	质量控制分析	88
	时间管理	89
生物 / 化工	科学分析	91
	学习方法	92
	质量控制分析	91
文化 / 体育	学习方法	94
	理解他人	95
	积极聆听	95

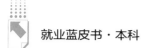

职业类	最重要的 3 项基本工作能力	能力满足度
		续表
物流 / 采购	谈判技能	86
	时间管理	91
	积极学习	91
销售	谈判技能	87
	理解他人	91
	积极学习	89
行政 / 后勤	积极聆听	92
	协调安排	92
	理解他人	93
研究人员	疑难排解	90
	科学分析	91
	理解性阅读	92
医疗保健 / 紧急救助	有效的口头沟通	90
	积极学习	92
	积极聆听	89
幼儿与学前教育	学习方法	93
	服务他人	93
	理解他人	94
职业培训 / 其他教育	学习方法	93
	有效的口头沟通	91
	指导他人	93
中等职业教育	积极学习	93
	理解他人	94
	指导他人	94
中小学教育	学习方法	92
	理解他人	93
	指导他人	93

注：个别职业类因为样本较少，没有包括在内。

资料来源：麦可思－中国 2024 届大学毕业生培养质量跟踪评价。

表 9-3 2024 届本科主要专业类最重要的 3 项基本工作能力满足度

单位：%

专业类	最重要的 3 项基本工作能力	能力满足度
经济学类	积极聆听	92
	服务他人	89
	理解他人	92
财政学类	积极学习	91
	有效的口头沟通	92
	理解他人	94
金融学类	谈判技能	90
	服务他人	92
	时间管理	93
经济与贸易类	谈判技能	89
	有效的口头沟通	90
	服务他人	91
法学类	积极聆听	88
	针对性写作	88
	谈判技能	86
社会学类	有效的口头沟通	90
	积极聆听	92
	理解他人	92
马克思主义理论类	学习方法	92
	理解他人	93
	指导他人	94
教育学类	学习方法	92
	指导他人	93
	理解他人	93
体育学类	学习方法	94
	指导他人	94
	理解他人	95
中国语言文学类	学习方法	92
	协调安排	92
	指导他人	93

		续表
专业类	最重要的 3 项基本工作能力	能力满足度
外国语言文学类	谈判技能	86
	时间管理	94
	学习方法	91
新闻传播学类	谈判技能	87
	协调安排	89
	有效的口头沟通	91
历史学类	学习方法	90
	理解他人	93
	指导他人	92
数学类	理解他人	92
	学习方法	92
	指导他人	92
物理学类	理解他人	92
	学习方法	91
	指导他人	93
化学类	疑难排解	87
	理解他人	92
	学习方法	92
地理科学类	积极聆听	91
	理解他人	92
	学习方法	91
生物科学类	指导他人	91
	理解他人	92
	学习方法	91
心理学类	理解他人	89
	学习方法	86
	有效的口头沟通	90
统计学类	有效的口头沟通	88
	积极聆听	91
	积极学习	91

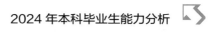

续表

专业类	最重要的 3 项基本工作能力	能力满足度
机械类	有效的口头沟通	91
	疑难排解	88
	科学分析	90
仪器类	有效的口头沟通	90
	疑难排解	85
	学习方法	89
材料类	学习方法	91
	科学分析	89
	疑难排解	86
能源动力类	积极学习	88
	疑难排解	83
	有效的口头沟通	87
电气类	有效的口头沟通	90
	技术设计	90
	学习方法	92
电子信息类	技术设计	87
	电脑编程	83
	疑难排解	87
自动化类	有效的口头沟通	90
	疑难排解	86
	设备维护	82
计算机类	疑难排解	89
	电脑编程	86
	有效的口头沟通	90
土木类	协调安排	91
	有效的口头沟通	90
	疑难排解	90
测绘类	有效的口头沟通	91
	学习方法	92
	疑难排解	93

专业类	最重要的3项基本工作能力	能力满足度
		续表
化工与制药类	科学分析	90
	疑难排解	87
	有效的口头沟通	91
矿业类	有效的口头沟通	93
	学习方法	89
	技术设计	91
交通运输类	疑难排解	90
	协调安排	92
	有效的口头沟通	91
环境科学与工程类	有效的口头沟通	87
	学习方法	90
	科学分析	91
食品科学与工程类	协调安排	90
	理解他人	90
	疑难排解	90
建筑类	积极聆听	91
	有效的口头沟通	90
	协调安排	89
安全科学与工程类	积极聆听	95
	疑难排解	91
	有效的口头沟通	89
生物工程类	科学分析	91
	学习方法	91
	疑难排解	90
植物生产类	科学分析	92
	有效的口头沟通	89
	积极学习	90
林学类	理解他人	93
	有效的口头沟通	87
	积极学习	91

专业类	最重要的 3 项基本工作能力	能力满足度
		续表
管理科学与工程类	有效的口头沟通	90
	学习方法	91
	疑难排解	88
工商管理类	积极聆听	93
	谈判技能	90
	时间管理	92
公共管理类	时间管理	90
	理解他人	91
	谈判技能	87
物流管理与工程类	谈判技能	88
	时间管理	92
	积极学习	91
工业工程类	有效的口头沟通	89
	疑难排解	87
	积极学习	89
电子商务类	服务他人	93
	谈判技能	91
	协调安排	92
旅游管理类	谈判技能	88
	积极学习	92
	积极聆听	94
音乐与舞蹈学类	积极聆听	94
	学习方法	93
	理解他人	95
戏剧与影视学类	时间管理	93
	有效的口头沟通	94
	理解他人	94
美术学类	学习方法	93
	理解他人	95
	有效的口头沟通	93

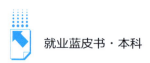

专业类	最重要的 3 项基本工作能力	续表 能力满足度
设计学类	谈判技能	90
	设计思维	90
	有效的口头沟通	92

注：个别专业类因为样本较少，没有包括在内。

资料来源：麦可思－中国 2024 届大学毕业生培养质量跟踪评价。

二 在校素养提升

素养提升调查：由毕业生选择大学帮助自己在哪些方面的素养得到明显提升。一个毕业生可选择多项，也可选择"没有任何帮助"。不同学科专业在素养培养上有各自的特点，故素养选项有所不同。

高校"立德树人"成效显著。2024 届本科各学科门类毕业生认为学校帮助自己获得素养提升的比例均达到或超过 95%。尤其是在"理想信念"、"遵纪守法"和"诚实守信"等方面提升效果较为突出。

但在"国际视野"和"数字素养"方面的提升比例普遍不足。建议高校进一步加强全球意识和数字技能方面的培养，随着全球化和数字化的深入发展，这两个方面的素养对于毕业生的未来发展尤为重要。

不同学科门类在素养培养上的特点差异也值得关注，具体见表 9-4、表 9-5、表 9-6。例如，文科类专业可能更注重培养学生的人文素养，而理工科类专业可能更侧重于培养学生的科学精神。高校应根据各自学科的特点和要求，制定和实施有针对性的素养培养计划，以更好地满足社会和学生的需求。

表 9-4 2024 届本科主要学科门类毕业生在校期间的素养提升（多选）（一）

单位：%

经济学	提升比例	法学	提升比例	教育学	提升比例	文学	提升比例
理想信念	82	理想信念	84	理想信念	83	理想信念	82
遵纪守法	76	遵纪守法	81	教育情怀	77	遵纪守法	76
诚实守信	72	德法兼修	79	践行师德	75	诚实守信	73
身心健康	70	诚实守信	74	诚实守信	68	身心健康	71
科学精神	63	身心健康	72	依法执教	68	人文底蕴	69
学术诚信	63	社会责任	71	身心健康	67	社会责任	66
社会责任	63	人文底蕴	67	社会责任	63	文化弘扬	66
商业道德	59	学术诚信	67	科学精神	60	学术诚信	65
人文底蕴	58	科学精神	66	人文底蕴	59	科学精神	64
创新精神	58	创新精神	61	创新精神	59	审美能力	62
数字素养	56	劳动意识	61	学术诚信	58	创新精神	61
劳动意识	55	审美能力	57	审美能力	58	国际视野	59
调查研究	53	国际视野	57	劳动意识	57	劳动意识	58
审美能力	53	数字素养	57	数字素养	55	数字素养	57
国际视野	52	没有任何提升	3	国际视野	47	没有任何提升	3
没有任何提升	3			没有任何提升	3		

资料来源：麦可思－中国 2024 届大学毕业生培养质量跟踪评价。

表 9-5 2024 届本科主要学科门类毕业生在校期间的素养提升（多选）（二）

单位：%

历史学	提升比例	理学	提升比例	工学	提升比例	农学	提升比例
理想信念	84	理想信念	83	理想信念	82	理想信念	82
遵纪守法	76	遵纪守法	75	遵纪守法	77	遵纪守法	75
人文底蕴	76	诚实守信	73	诚实守信	74	三农情怀	73
诚实守信	74	身心健康	71	身心健康	72	诚实守信	70

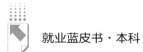
续表

历史学	提升比例	理学	提升比例	工学	提升比例	农学	提升比例
学术诚信	73	科学精神	71	科学精神	68	身心健康	70
文化弘扬	70	学术诚信	68	学术诚信	65	科学精神	68
身心健康	69	社会责任	64	社会责任	63	学术诚信	67
社会责任	68	人文底蕴	61	人文底蕴	60	社会责任	65
科学精神	67	创新精神	60	创新精神	59	环境意识	63
审美能力	62	数字素养	58	劳动意识	58	劳动意识	62
创新精神	61	劳动意识	57	数字素养	57	人文底蕴	60
劳动意识	59	审美能力	53	工匠精神	56	创新精神	60
数字素养	58	环境意识	53	工程与社会	54	审美能力	57
国际视野	56	工匠精神	52	审美能力	54	数字素养	54
没有任何提升	2	国际视野	47	环境意识	53	国际视野	50
		工程与社会	46	国际视野	49	没有任何提升	3
		没有任何提升	3	没有任何提升	3		

资料来源：麦可思 – 中国 2024 届大学毕业生培养质量跟踪评价。

表 9-6　2024 届本科主要学科门类毕业生在校期间的素养提升（多选）（三）

单位：%

医学	提升比例	管理学	提升比例	艺术学	提升比例
理想信念	83	理想信念	81	理想信念	81
医德医风	82	遵纪守法	76	遵纪守法	75
遵纪守法	76	诚实守信	74	艺术修养	74
身心健康	74	身心健康	71	诚实守信	73
诚实守信	73	社会责任	63	审美能力	72
健康卫生	71	科学精神	63	身心健康	72
学术诚信	69	学术诚信	63	学术诚信	65
科学精神	68	人文底蕴	59	创新精神	65

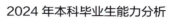

					续表
医学	提升比例	管理学	提升比例	艺术学	提升比例
社会责任	66	创新精神	58	人文底蕴	65
创新精神	65	商业道德	57	科学精神	64
人文底蕴	63	劳动意识	56	社会责任	64
劳动意识	60	数字素养	55	劳动意识	61
审美能力	56	审美能力	53	数字素养	58
数字素养	55	调查研究	51	国际视野	53
国际视野	51	国际视野	48	没有任何提升	4
没有任何提升	3	没有任何提升	3		

资料来源：麦可思－中国 2024 届大学毕业生培养质量跟踪评价。

B.10
2024 年本科毕业生对母校的满意度分析

摘　要： 本科毕业生对母校的总体满意度持续保持在高位，近五届稳定在 95%。课程教学不断优化，毕业生对教学的满意度从 2020 届的 92% 提升至 2024 届的 94%，课程设置与岗位需求的匹配度总体保持稳定。但值得注意的是，毕业生反馈"课程内容不实用或陈旧"的比例逐年上升，2024 届达到 38%，这表明课程内容更新速度未能及时跟上产业变化，其中工科专业表现尤为突出。师生互动频繁，艺术学、教育学门类师生课下交流更加活跃。就业指导服务成效明显，满意度五年累计上升 4 个百分点，2024 届达到 91%，特别是对一对一辅导和求职技能培训的认可度较高。校园设施不断完善，毕业生对此评价逐年提升，有效支撑了学生成长成才。

关键词： 毕业生满意度　课程教学　师生互动　就业指导　本科生

一　对母校的总体满意度

对母校的总体满意度：由毕业生回答对母校的总体满意度，评价结果分为"很满意""满意""不满意""很不满意"，其中"很满意""满意"属于满意的范围，"不满意""很不满意"属于不满意的范围。

毕业生对母校的满意度持续保持在较高水平，反映了本科生对高校教育教学与服务水平的整体认可。从近五年的数据来看，毕业生对母校的满意度均为 95%；从不同院校类型来看，"双一流"院校 2024 届毕业生对母校的满意度（96%）略高（见图 10-1、图 10-2）。这表明高校在提供教育服务、满足学生需求、提升培养质量等方面取得了积极成效。

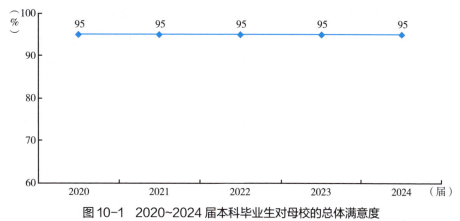

图 10-1　2020~2024 届本科毕业生对母校的总体满意度

资料来源：麦可思－中国 2020~2024 届大学毕业生培养质量跟踪评价。

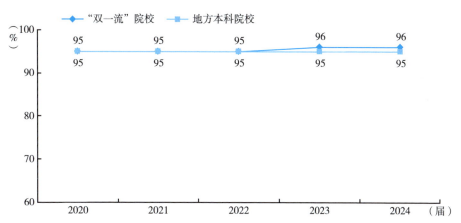

图 10-2　2020~2024 届各类本科院校毕业生对母校的总体满意度

资料来源：麦可思－中国 2020~2024 届大学毕业生培养质量跟踪评价。

二　学生服务满意度

（一）教学满意度

教学满意度：指毕业生对教学工作的满意程度，评价结果分为"很满意""满意""不满意""很不满意"，其中"很满意""满意"属于满意的范围，"不满意""很不满意"属于不满意的范围。

153

　　毕业生对母校教学满意度稳中有升，表明了高校在本科教学方面不断优化。近五年，毕业生对母校教学的满意度从2020届的92%上升至2024届的94%；其中，"双一流"院校、地方本科院校的满意度均呈现上升趋势，2024届分别达到93%、94%（见图10-3、图10-4）。这一趋势反映出高校在教学内容、教学方法、教学资源和教学环境等方面持续改进，更大程度地满足了学生的学习与发展需求。

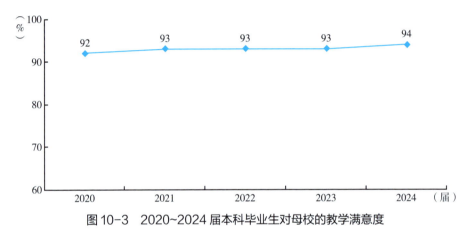

图10-3　2020~2024届本科毕业生对母校的教学满意度

资料来源：麦可思－中国2020~2024届大学毕业生培养质量跟踪评价。

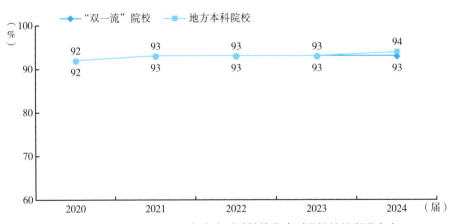

图10-4　2020~2024届各类本科院校毕业生对母校的教学满意度

资料来源：麦可思－中国2020~2024届大学毕业生培养质量跟踪评价。

2024 届毕业生认为学校的实践教学和教学方法有所提升，但在课程内容方面仍需进一步加强。具体来看，毕业生认为"课程内容不实用或陈旧"的比例逐年上升，2024 届达到 38%（见图 10-5），这也反映了高等教育与社会需求之间的结构性矛盾，知识更新速度滞后于产业变革，这一点在数字经济、AI 技术爆发式发展的背景下显得更加突出，后续可从课程与教材设计、师资队伍建设、教学方式方法等多维度进行系统性优化。

图 10-5　2022~2024 届本科毕业生认为母校的教学需要改进的地方（多选）

资料来源：麦可思 – 中国 2022~2024 届大学毕业生培养质量跟踪评价。

（二）核心课程评价

核心课程重要度：由从事专业相关工作的毕业生判断课程在自己的工作或学习中是否重要，评价结果分为"极其重要""非常重要""重要""有些重要""不重要"。

核心课程满足度：由认为课程重要（从"有些重要"到"极其重要"）的

毕业生回答课程培养是否满足工作或学习要求。

本科课程设置与实际工作岗位需求之间的匹配程度相对稳定。近五年，本科毕业生对核心课程的重要度评价基本保持在 86% 左右，这反映出多数毕业生认可课程的实用性和科学性；从不同院校类型的比较来看，地方本科院校的核心课程重要度评价持续高于"双一流"院校（见图 10-6、图 10-7）。这可能意味着地方本科院校在课程设置和教育质量方面更加贴近地方经济和就业市场的实际需求。

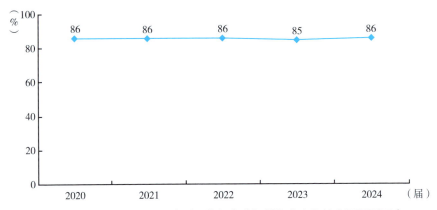

图 10-6　2020~2024 届本科工作与专业相关毕业生的核心课程重要度

资料来源：麦可思 – 中国 2020~2024 届大学毕业生培养质量跟踪评价。

图 10-7　2020~2024 届各类本科院校工作与专业相关毕业生的核心课程重要度

资料来源：麦可思 – 中国 2020~2024 届大学毕业生培养质量跟踪评价。

核心课程的培养效果逐年提升。从近五年的数据来看，本科工作与专业相关毕业生对核心课程的满足度评价稳步提升，从 2020 届的 81% 上升至 2024 届的 90%，上升了 9 个百分点；从不同院校类型来看，"双一流"院校、地方本科院校课程培养效果均呈上升趋势，核心课程满足度五年内分别上升了 5 个、9 个百分点（见图 10-8、图 10-9）。这表明毕业生对于所学的核心课程内容和培养效果感到满意。

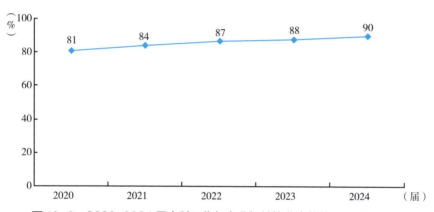

图 10-8　2020~2024 届本科工作与专业相关毕业生的核心课程满足度

资料来源：麦可思 - 中国 2020~2024 届大学毕业生培养质量跟踪评价。

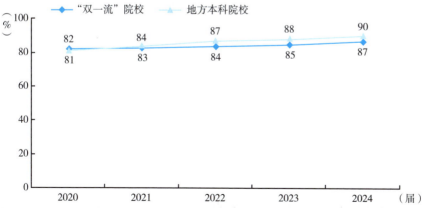

图 10-9　2020~2024 届各类本科院校工作与专业相关毕业生的核心课程满足度

资料来源：麦可思 - 中国 2020~2024 届大学毕业生培养质量跟踪评价。

从不同学科门类来看，历史学核心课程的重要度和满足度（分别为96%、97%）均较高；工学核心课程的重要度和满足度（分别为81%、87%）排名靠后，这在一定程度上反映出工学专业课程内容更新滞后于技术迭代速度，培养过程与产业需求之间的契合度有待进一步提升。另外，经济学的核心课程重要度（83%）偏低（见图10-10），需结合毕业生服务面向的主要行业领域，了解相关岗位对毕业生能力的需求情况，并相应调整和完善课程设置。

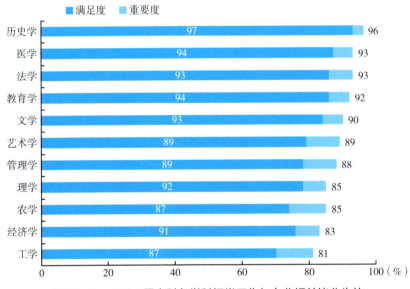

图10-10　2024届本科各学科门类工作与专业相关毕业生的
核心课程重要度和满足度

注：个别学科门类因为样本较少，没有包括在内。

资料来源：麦可思－中国2024届大学毕业生培养质量跟踪评价。

（三）师生交流频度

地方本科院校毕业生与任课教师课下互动频率高。具体来看，2024届有62%的毕业生与任课教师保持"每周至少一次"或"每月至少一次"课下交流，其中地方本科院校毕业生与任课教师课下交流程度（65%）高于"双一流"院校（45%）（见图 10-11）。

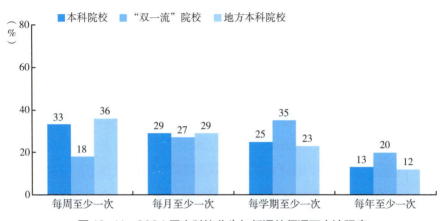

图 10-11　2024 届本科毕业生与任课教师课下交流程度

资料来源：麦可思－中国 2024 届大学毕业生培养质量跟踪评价。

不同学科门类学生与任课教师进行课下交流的频率存在显著差异。与任课教师"每周至少一次"或"每月至少一次"课下交流比例较高的是艺术学（78%）、教育学（71%），较低的是医学（53%）（见图 10-12）。这些差异可能与各个学科的特点、教学模式、学生需求以及教育资源的配置等多方面因素有关。

（四）求职服务满意度

就业服务工作满意度：指毕业生对就业服务工作效果的评价，评价结果分为"很满意""满意""不满意""很不满意"，其中"很满意""满意"属于满意的范围，"不满意""很不满意"属于不满意的范围。

本科院校就业指导服务的持续完善，对毕业生顺利进入职场至关重要。数据显示，本科毕业生对学校就业指导服务的满意度从 2020 届的 87% 上升至 2024 届的 91%（见图 10-13）。说明高校的相关举措获得了广泛认可。分院校类型来看，"双一流"院校的毕业生对就业指导服务满意度相对较高。同

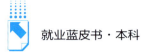

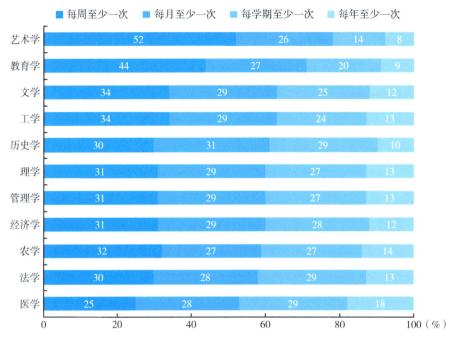

图 10-12　2024 届本科各学科门类毕业生与任课教师课下交流程度

注：个别学科门类因为样本较少，没有包括在内。

资料来源：麦可思－中国 2024 届大学毕业生培养质量跟踪评价。

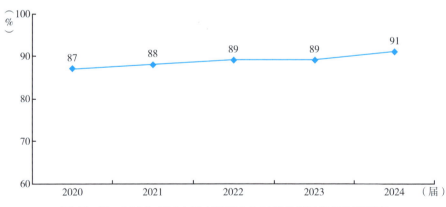

图 10-13　2020~2024 届本科毕业生对就业指导服务的满意度

资料来源：麦可思－中国 2020~2024 届大学毕业生培养质量跟踪评价。

时，地方本科院校的就业指导服务满意度持续提升，与"双一流"院校的差距缩小（见图 10-14）。

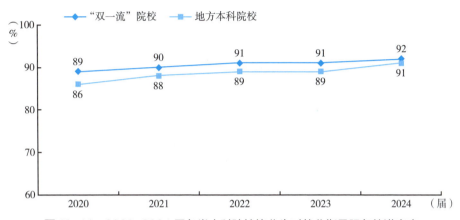

图 10-14　2020~2024 届各类本科院校毕业生对就业指导服务的满意度

资料来源：麦可思 - 中国 2020~2024 届大学毕业生培养质量跟踪评价。

从高校开展的具体求职服务来看，近九成（88%）毕业生接受过母校提供的求职服务。其中，参与最多的是"大学组织的线下招聘会"（65%），较 2023 届（60%）上升了 5 个百分点；其次是"大学组织的线上招聘会"（36%），较 2023 届（40%）下降了 4 个百分点（见图 10-15）。从求职服务效果来看，毕业生对"一对一就业帮扶"的有效性评价（94%）最高，其次是"辅导求职技能"（93%），对"大学组织的线下招聘会"的有效性评价（85%）相对较低（见图 10-15）。

这表明线下招聘已回归主流，线下面对面交流带来的直接求职机会和真实场景体验依然具有不可替代性，线下活动的效果仍需改进，需基于不同学科专业的特点提供针对性的服务。

毕业生获取第一份工作的渠道是了解就业市场动态和高校就业指导服务效果的重要指标。2024 届有接近半数的本科毕业生通过专业求职网站和本校的招聘活动或发布的招聘信息获得了第一份工作（分别占 28%、21%）（见图 10-16），这表明这两种渠道在毕业生就业过程中发挥了关键作用。

图 10-15　2024 届本科毕业生接受过求职服务的比例及有效性评价（多选）

资料来源：麦可思－中国 2024 届大学毕业生培养质量跟踪评价。

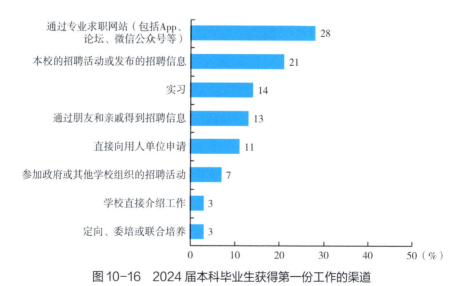

图 10-16　2024 届本科毕业生获得第一份工作的渠道

资料来源：麦可思－中国 2024 届大学毕业生培养质量跟踪评价。

（五）学生工作满意度

学生工作满意度：指毕业生对母校学生工作效果的评价，评价结果分为"很满意""满意""不满意""很不满意"，其中"很满意""满意"属于满意的范围，"不满意""很不满意"属于不满意的范围。

本科毕业生对母校学生工作的满意度持续上升，反映高校在育人工作方面的努力取得了积极成效。近五年，毕业生对母校学生工作的满意度从 2020届的 90% 上升至 2024 届的 93%；分院校类型看，"双一流"院校、地方本科院校毕业生对母校学生工作的满意度均呈现上升趋势，在 2024 届分别达到92%、93%（见图 10-17、图 10-18）。这表明大学学生工作在满足学生需求、提升学生体验和促进学生全面发展方面取得了显著进步。

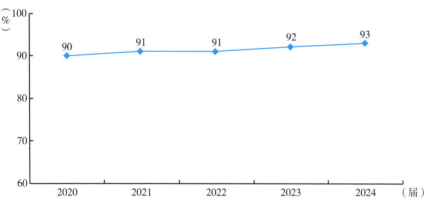

图 10-17　2020~2024 届本科毕业生对母校的学生工作满意度

资料来源：麦可思 – 中国 2020~2024 届大学毕业生培养质量跟踪评价。

（六）校园环境支撑

校园设施条件满足度：指校园各项设施能够满足毕业生需求的比例，设施具体包括"教室及教学设备""实验、实训及相关设备""图书馆与图书资料""计算机、校园网等信息化设备""运动场及体育设施""艺术场馆"。

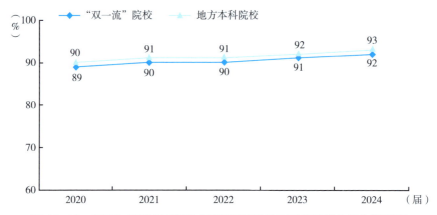

图 10-18　2020~2024 届各类本科院校毕业生对母校的学生工作满意度

资料来源：麦可思 – 中国 2020~2024 届大学毕业生培养质量跟踪评价。

校内学习和生活设施是支持学生成长成才的重要环节，直接影响学生的学术成长和兴趣培养。近三年，本科毕业生对教室及教学设备、图书馆与图书资料的满足度评价保持在 90% 及以上；与此同时，毕业生对实验、实训及相关设备、运动场及体育设施、计算机、校园网等信息化设备、艺术场馆的满足度评价均逐年上升（见图 10-19）。

图 10-19　2022~2024 届本科毕业生对各项校园设施条件满足度的评价

资料来源：麦可思 – 中国 2022~2024 届大学毕业生培养质量跟踪评价。

专 题 报 告

B.11
新职业与新专业供需变化分析

摘　要： 随着数字技术的迅猛发展，全球就业市场正在经历结构性变革，催生了大量新兴职业与专业。数字经济的蓬勃发展，推动了对新技术岗位如算法工程师、智能驾驶研发工程师等的需求。同时，传统岗位也在转型中，要求从业者具备更高的技术与数字化能力。高校在专业设置上逐步响应这些变化，增设符合国家战略、地方经济需求的专业，特别是在人工智能、数字经济、智能制造等领域。随着产业升级，尤其是高新技术和现代服务业的数字化转型，相关岗位的需求逐步增加，推动高校不断调整学科设置与课程内容。为了更好地培养符合产业需求的复合型人才，高校需加强跨学科融合，提升实践教学和课程内容的前瞻性，同时建立专业预警机制以确保教育质量符合市场需求。

关键词： 新职业　数字技术　产业升级　专业设置　本科生

一　引言：数字技术驱动下的产业结构变革

随着数字技术（如人工智能、大数据、云计算）与实体经济的深度融合，全球就业市场正经历一场前所未有的结构性变革。数字经济的快速发展催生了新兴职业，如算法工程师、智能驾驶研发工程师等，同时，传统岗位的内涵和要求也在发生转变。例如，机械工程师不仅要具备传统技能，还需掌握数字化工具和智能制造技术，以适应工业4.0时代的挑战。

根据预测[①]，到2025年，数字经济核心产业的增加值占GDP的比重将达10%，推动人工智能、低空经济、生物制造等领域人才需求激增。例如，算法工程师招聘人数增速预计为46.8%。

为了适应产业升级，高校的专业设置不断优化调整。根据教育部公布的2024年普通高等学校本科专业备案和审批结果，2024年高校新增专业点1839个，撤销/停招3648个。更新发布的《普通高等学校本科专业目录（2025年）》中，增列29种新专业，新目录包含93个专业类、845种专业，以"新工科、新医科、新农科、新文科"建设为引领，加快对国家战略急需领域的响应。在此背景下，本专题将基于就业市场变化和高校专业动态调整，分析新职业与新专业的供需变化，并探讨高校如何通过专业调整更好地满足社会需求，以期为高校人才培养提供有价值的参考。

二　产业升级驱动岗位需求变化

（一）高新技术领域：数字技术驱动岗位迭代

新兴数字技术岗位需求快速增长。在数字经济和高新技术领域，随着云计算、大数据、人工智能等新兴技术的快速发展，数字技术工程技术人员的岗位需求显著增加。尤其在信息技术产业、制造业数字化升级及智能网联

---

① 李扬主编:《中国数字经济高质量发展报告（2022）》，社会科学文献出版社，2022。

新能源汽车等领域，新兴技术岗位正逐步取代传统岗位，成为行业发展的核心力量。具体来说，人工智能、集成电路、智能制造等领域的人才需求紧缺，尤其是在京津冀、长三角、粤港澳大湾区等新质生产力发展较为集中的区域。以天津、苏州、广州等城市为例，集成电路等领域的岗位需求增多（见表11-1），各地人社局均将数字技术工程技术人员列为人才引进和培养重点。

调研数据显示，在本科毕业生中，数字技术、工程技术人员岗位的需求占比逐年上升，特别是在数字经济核心产业和装备制造业中，从2020届的4.6%上升至2024届的6.0%。这些岗位的增长反映出新兴领域对技术型人才的迫切需求，高校在培养学生时需要加强这些领域的课程设置，以满足日益增加的岗位需求。

表 11-1　紧缺程度较高的新兴数字技术岗位举例

城市	紧缺程度较高的新兴数字技术岗位	所在领域
天津	算法工程师	信创、车联网、高端装备
	深度学习	信创
	模拟电路设计工程师	集成电路
	智能驾驶场景研发工程师	车联网
	工业机器人工程师	轻工
苏州	工业大数据工程师	新能源
	数字芯片架构师	新一代信息技术
	AI 算法研究员、视觉感知工程师、无人机飞控工程师	高端装备
	感知算法工程师、视觉算法工程师、图像算法工程师	人工智能
	大数据算法工程师	新能源汽车
	大数据开发工程师、AI 应用工程师	软件与信息服务
广州	集成电路 IC 设计工程师	半导体和集成电路
	智能驾驶工程师、人工智能工程师、大数据分析工程师	智能网联与新能源汽车
	Hadoop 工程师、语音研究员、大数据开发工程师	软件和信创
	搜索算法工程师、推荐算法工程师、自然语言处理工程师	人工智能

资料来源：相应城市的人力资源和社会保障局。

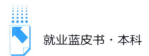

传统技术岗位转型需求提升。尽管新兴岗位不断涌现，传统技术岗位在大多数行业中仍发挥着支柱作用，尤其在装备制造业。调研数据显示，本科毕业生在装备制造业就业比例逐年上升，从 2020 届的 9.5% 上升到 2024 届的 12.1%。传统技术岗位如电子工程技术人员、机械工程技术人员等依然占据装备制造业毕业生中较高的比重（2024 届为 41.8%）。

然而，随着制造业的数字化、智能化升级，传统技术类岗位的要求发生了显著变化。这些岗位不再仅仅依赖传统技能，更多的是要求从业者掌握数字化工具和智能制造技术，并能够应对复杂系统集成的挑战。仍以天津、苏州、广州等城市为例，传统的机械工程师岗位如今不仅要求精通机械设计，还需要熟练使用 SolidWorks、CATIA、AutoCAD 等数字化设计工具，以适应现代智能制造的需求（见表 11-2）。

传统技术岗位的转型要求从业者具备更高的综合能力。不仅要掌握传统技能，还需要精通智能制造、自动化控制等新技术，并能与多学科领域协作解决复杂问题。

表 11-2 紧缺程度较高的传统技术岗位举例

城市	紧缺程度较高的传统技术岗位	岗位要求描述
天津	机械设计师	要求熟练掌握机械原理和设计工具，如 SolidWorks，并能够设计符合现代化生产需求的机械结构
	电子 / 电气工程师	要求熟悉模拟电路和数字电路，掌握 PLC 编程和电气设计工具，能够应对智能化生产的需求
苏州	机械制造工程师	要求熟练掌握设计软件（如 SolidWorks、ProE），并能熟悉非标设备设计和智能化制造工艺流程
广州	机械工程师	要求熟悉产品机械结构和加工工艺，能够使用 SolidWorks、CAD、ProE 等设计软件
	自动化工程师	要求能够独立完成机械自动化设备的设计和组装，熟悉生产制造流程

资料来源：相应城市的人力资源和社会保障局。

（二）现代服务业：数字经济催生新职业群体

新媒体运营相关岗位需求增长。调研数据显示，本科毕业生在文体娱乐、零售服务行业就业的占比呈上升趋势，从 2020 届的 7.7% 上升至 2024 届的 9.2%，其中从事新媒体策划、编辑、运营岗位的占比从 2022 届的 7.6% 上升至 2024 届的 9.9%。这表明数字技术在服务行业的渗透创造了更多就业机会，尤其在社交媒体运营和数字内容创作等领域。

创意设计类服务需求增加。调研数据显示，在各类专业设计与咨询服务业就业的本科毕业生中，从事创意设计类工作（如室内设计、包装设计、工业设计、时尚设计）的占比持续上升，从 2020 届的 9.3% 上升至 2024 届的 14.8%，这反映了消费者对定制化和个性化产品需求的增加，推动了创意设计类服务的发展。

随着数智化设计工具的普及，创意设计岗位从业者不仅需要具备传统的艺术设计技能，还必须熟悉数字化工具，能够结合数据驱动和用户需求进行创意设计，以满足更高层次的市场需求。例如，在文化创意产业较为发达的广州，UI 设计师、用户体验（UE/UX）设计师、交互设计师等岗位的需求日益增加，这些岗位对数字工具使用的要求已全面覆盖，并且更加注重数据分析、用户需求洞察与多种技能的跨界整合与综合应用能力（见表 11-3）。

表 11-3　文化创意领域紧缺程度较高的岗位举例

岗位	岗位要求描述
UI 设计师	要求熟练掌握平面、多媒体创意设计、图标绘制、动效制作等，具备企业级文案设计经验，熟练使用设计软件，如 Adobe Photoshop、Illustrator、After Effects 等
UE/UX 设计师	需要熟悉 UX/UI 设计方法，能进行交互原型设计和流程图绘制，精通设计工具如 Figma 和 AI，并有较强的数据分析能力，能从用户的角度优化设计
交互设计师	要求熟练使用设计软件，如 PS、AI、AE、Sketch，具备优秀的创意构思能力，能进行深度的交互设计，理解用户体验，创造符合用户需求的界面

资料来源：广州市人力资源和社会保障局。

综上，产业的升级发展不断驱动岗位需求的结构性调整，给高校人才培养提出了新的要求和挑战。对此，高校需通过学科专业调整、培养过程优化等方式实现人才培养与外部需求的动态适配。

三　高校专业设置动态调整响应

近五年，高校新增数量较多的专业[①]主要集中在战略急需领域、行业需求引导、跨学科交叉融合等方面（见表11-4），体现了高校专业设置对国家战略、产业升级及地方经济需求的积极响应。

表11-4　本科院校增设数量较多的前20位专业

单位：个

增设数量前20位的专业	总计	2024年	2023年	2022年	2021年	2020年
人工智能	406	89	37	57	93	130
数字经济	295	74	79	77	41	24
智能制造工程	238	30	33	39	52	84
大数据管理与应用	208	38	32	37	42	59
智能建造	177	48	45	38	23	23
数据科学与大数据技术	150	9	20	28	32	61
机器人工程	144	30	23	18	20	53
网络与新媒体	135	21	24	23	24	43
金融科技	122	17	18	22	27	38
跨境电子商务	119	15	13	20	29	42
集成电路设计与集成系统	105	30	18	22	25	10
储能科学与工程	102	19	21	23	14	25
新能源汽车工程	92	19	26	19	9	19
网络空间安全	89	18	25	16	21	9
供应链管理	88	13	26	19	16	14
新能源材料与器件	87	19	24	21	12	11

---

①　不含第二学位以及调整学位授予门类、修业年限的专业，下同。

续表

增设数量前20位的专业	总计	2024年	2023年	2022年	2021年	2020年
数字媒体艺术	86	13	12	17	17	27
食品营养与健康	83	16	19	21	14	13
运动训练	77	17	31	12	10	7
新能源科学与工程	64	15	13	19	6	11

资料来源：2020~2024年度普通高等学校本科专业备案和审批结果。

（一）专业设置响应国家战略急需

响应国家战略，增设关键技术专业。教育部在响应国家重大战略需求的同时，积极推动科技前沿、关键技术领域专业的增设。例如，近五年"双一流"院校中，人工智能、数字经济、储能科学与工程、集成电路设计与集成系统等专业增设较多（见表11-5）。这些专业不仅对前沿技术的攻关起到了关键作用，也为国家战略领域的技术创新提供了支撑，以促进科技强国战略的实施。

此外，为更快响应国家战略，教育部发布的《普通高等学校本科专业目录（2025年）》中，首次建立了战略急需专业超常设置机制，对于中央最新部署、高度关注的战略领域，开辟相关专业设置即时响应"绿色通道"。瞄准低空经济快速发展需要，突破集中申报限制，指导北京航空航天大学等6所高校增设低空技术与工程专业。

表11-5 "双一流"院校增设数量较多的前10位专业

单位：个

增设数量前10位的专业	总计	2024年	2023年	2022年	2021年	2020年
人工智能	41	5	2	2	6	26
大数据管理与应用	38	5	4	8	8	13
数字经济	34	9	8	6		3
马克思主义理论	28	4	3	6	6	9
储能科学与工程	26	1	3		6	15
运动训练	26	8	10	4	2	2

续表

增设数量前 10 位的专业	总计	2024 年	2023 年	2022 年	2021 年	2020 年
智能制造工程	22	3	1	2	7	9
集成电路设计与集成系统	20	5	6	2	5	2
智能建造	19	3	3	5	5	3
机器人工程	19	4	4	0	2	9

资料来源：2020~2024 年度普通高等学校本科专业备案和审批结果。

（二）专业设置服务地方重点产业

对接重点产业，培养应用人才。地方本科院校在专业设置上应服务区域经济社会发展，响应区域产业需求。从各地区地方本科院校增设专业数量的分布来看，近五年中部地区占比明显上升，2024 年在各地区中占比（34.0%）最高，学科专业的调整力度较大。从增设专业类型来看，中部地区院校增设工科专业在一半以上，其中电子信息类、计算机类、机械类等专业的增设数量较高。这也与中部地区有序承接东部优质产业转移，持续引进和培育高端制造业，对相关专业应用型人才的需求增长有关。

以中部地区安徽省为例，近五年地方本科院校增设工科专业占比 56.8%，增设数量较多的专业有人工智能、智能制造工程、数字经济、集成电路设计与集成系统、新能源材料与器件、新能源汽车工程等。这些专业与当地产业发展紧密对接，有助于培养与地方产业发展相适应的人才，推动地方经济高质量发展（见表 11-6）。

表 11-6　安徽省地方本科院校增设数量较多的专业

单位：个

专业	增设数量	对应安徽省的重点产业	对应的紧缺岗位列举
人工智能	19	人工智能产业	研究算法工程师、大数据工程师、机器学习工程师
智能制造工程	14	高端装备制造产业	智能制造系统工程师、控制算法工程师

			续表
专业	增设数量	对应安徽省的重点产业	对应的紧缺岗位列举
数字经济	14	—	数据分析工程师
集成电路设计与集成系统	12	新一代信息技术产业	工艺开发工程师、光刻设备工程师、制程工艺工程师
新能源材料与器件	12	新能源产业	材料工程师、品质工程师
新能源汽车工程	11	新能源汽车产业	PACK工程师、动力总成工程师、智能网联工程师

资料来源：2020~2024年度普通高等学校本科专业备案和审批结果；安徽省2025年政府工作报告；《中共安徽省委、安徽省人民政府关于大力发展十大新兴产业打造具有重要影响力新兴产业聚集地的意见》；安徽省人力资源和社会保障厅。

专业增设要注重专业差异化。需要注意的是，专业增设上存在盲目跟风的情况，扎堆设置热门专业，导致同质化竞争，特别是地方本科院校这种现象比较突出。例如，数据科学与大数据技术专业在过去五年内增设数量为150个，其中95%由地方本科院校增设，从院校类型来看，综合类院校占比（38.0%）高于理工类院校（23.2%），其后是师范类院校（12.0%），从这些数据可以看出，非理工类院校增设较多。据阳光高考2023年底统计，该专业毕业生规模为36000~38000人。

调研数据显示，地方本科院校中，非理工类院校毕业生就业质量整体偏低，对教学的满意度也较低（见表11-7）。很多院校并未充分考虑自身的师资力量和产业对接需求，导致培养的毕业生在就业市场上面临激烈竞争且供大于求。这也反映了地方院校在设置专业时缺乏系统的需求分析和行业适配。

这些问题提示高校在增设专业时，应结合地方经济特点、自身办学优势，发展特色化、差异化的专业设置，以强势学科引领、带动相关学科的发展。

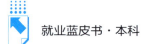

表11-7　2024届地方本科院校数据科学与大数据技术专业主要培养质量指标

院校类型	月收入（元）	工作与专业相关度（%）	就业满意度（%）	教学满意度（%）
理工类院校	6864	52	77	89
非理工类院校	6293	48	75	87

资料来源：麦可思－中国2024届大学毕业生培养质量跟踪评价。

（三）专业设置匹配产业转型升级

通过学科交叉融合培养复合型人才，助力产业发展。学科交叉融合的趋势在新设专业中得以体现，尤其是在 AI 与其他领域的结合上，如，智能分子工程、时空信息工程、人工智能教育、智能视听工程、数字戏剧等不仅关注技术本身，也关注技术赋能的场景，是对"AI+X"复合型人才结构的前瞻部署。这种新型专业的设立回应了人工智能技术广泛渗透社会各领域后的教育创新命题。"双一流"院校在推动学科交叉融合方面起到了探索和引领作用，基于学科交叉融合培养的复合型人才对新兴产业、未来产业的培育和发展起到支撑作用。

传统工科课程需更新，融入新兴技术。随着产业结构的转型升级，传统技术类岗位也面临着数字化和智能化的转型需求。高校在传统工科专业基础上增加了智能制造、工业互联网、自动化控制等课程，以满足市场对复合型人才的需求。比如，机械、电子、自动化类等传统工科专业正在逐步加强智能制造和数字化技术的融入。

然而，当前许多传统工科专业仍然存在课程内容与产业需求脱节的问题，特别是在新兴领域（如人工智能、大数据）对传统工科专业提出更高要求的情况下，很多工科专业的教学内容没有及时更新，无法满足行业对高阶技能的需求，例如，在信息产业、高端装备制造业中就业较多的计算机类专业，调研数据显示，2024届毕业生认为课程内容不实用或陈旧的比例为50%，远高于工学专业平均水平（42%）（见图11-1），课程内容和教材依然以基础技术为主，较少涵盖新兴的人工智能、大数据分析等技术。因此，高校应加强传统工科专业的课程体系调整，将新兴技术、跨学科的知识融入教学中，使课程内容更加贴近市场需求，提升人才培养的适配性。

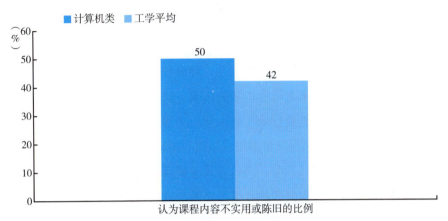

图 11-1　2024 届计算机类专业毕业生认为课程内容不实用或陈旧的比例

资料来源：麦可思－中国 2024 届大学毕业生培养质量跟踪评价。

高校可以通过课程体系升级、加强实践教学、跨学科融合等方式进行改进。根据新兴产业的需求，及时更新课程内容，加入智能制造、人工智能、大数据分析等课程模块。通过与企业合作，建立实践基地，提供更多实际项目经验，提升学生的实践能力。推行跨学科的课程设置，培养学生的跨领域创新能力，例如"AI+ 机械""AI+ 医学"等复合型课程。

综上，这些专业设置动态调整趋势表明，高等教育在新专业设置中正朝着服务国家战略、应对产业转型以及培养复合型人才的方向发展，逐步为未来经济和技术的发展奠定基础。

四　启示：动态调整专业布局，提升人才培养适配性

随着数字技术的不断进步和产业结构的变革，全球就业市场和高校人才培养面临着前所未有的挑战与机遇。通过本专题分析，可以总结出以下几点启示，供高校以及相关决策部门参考。

动态调整专业设置，紧跟产业需求。高校应根据数字技术和产业结构的变化，灵活调整专业设置，特别是针对数字经济、人工智能、智能制造等领域。增设符合国家战略和地方经济需求的专业，避免盲目跟风，注重专业的差异化发展，确保培养的毕业生能够满足现代产业对复合型技术人才的迫切需求。

推动跨学科融合，培养复合型人才。随着技术与行业的融合，单一学科的专业设置已无法满足未来就业市场的需求。高校应积极推动学科交叉与融合，尤其是人工智能与其他行业（如医学、工程、艺术）的结合，通过复合型课程和项目式学习，培养具备多领域知识和创新能力的毕业生。

加强课程更新与实践教学。高校需及时更新传统专业的课程内容，将新兴技术如人工智能、大数据等纳入课程体系，以贴合行业需求。同时，增加实践教学比重，通过与企业合作，建立实习基地，为学生提供更多实际操作经验，增强其就业竞争力。

建立专业预警监测机制。高校需完善学科专业建设标准，健全多元评价体系，对学科专业建设成效加强常态监测，定期评估专业的就业质量与社会需求的适配性。通过设置预警机制，及时淘汰不符合市场需求的专业或调整其课程内容，以优化专业结构。确保教育资源的合理配置，提升教育质量和就业效果。

参考文献

中共中央、国务院印发《教育强国建设规划纲要（2024-2035年）》，2025。

《教育部关于公布2024年度普通高等学校本科专业备案和审批结果及〈普通高等学校本科专业目录（2025年）〉的通知》，教高函〔2025〕3号。

教育部：《普通高等学校本科专业目录（2025年）》，2025。

《高校学科专业设置调整优化工作推进会召开》，教育部网站，2025年。

B.12
AI 时代本科生核心工作能力分析

摘　要： 人工智能（AI）时代的到来正在深刻改变就业市场和人才需求。随着 AI、大数据等技术的迅猛发展，传统岗位逐步被智能化替代，劳动力市场对具备高阶认知能力、社交能力、数字技能的复合型人才的需求急剧增加。本报告通过分析 2024 届本科生核心工作能力的变化，揭示了高校人才培养中存在的短板与挑战，如课程内容更新滞后、实践教学不足以及跨学科融合的缺失。针对这些问题，提出了优化课程体系、强化实践教学、推动产教融合和培养终身学习能力的改进方向。未来，高校应积极适应 AI 时代的需求，培养兼具技术与人文素养的复合型人才，以应对快速变化的职场环境。

关键词： 人工智能　复合型人才　核心能力　教育改革　本科生

一　引言：人工智能时代的就业新格局

当前，新一轮科技革命加速推进，人工智能（AI）正深刻改变全球就业格局。世界经济论坛发布的《2025 年未来就业报告》指出，多种宏观趋势正共同塑造未来劳动力市场。其中，人工智能与信息处理技术被 86% 的企业视为未来几年最重要的业务模式颠覆因素。技能缺口也日益成为阻碍企业转型的关键障碍——63% 的雇主将本地劳动力市场的技能不足视为 2025~2030 年发展的主要障碍，并有 85% 的企业计划优先对员工进行技能提升培训以应对挑战。报告预测，到 2030 年全球就业将净增 7%（约 7800 万个岗位）；未来五年内将新增 1.7 亿个岗位，同时有约 9200 万个岗位将被技术进步替代。在

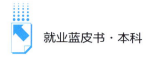

此背景下，近40%的工作技能将在数年内发生改变，劳动力技能的快速更新成为常态。

在AI、机器人、大数据等新技术驱动下，各行各业的商业模式和岗位技能结构正在重塑。大量基础性、重复性、标准化任务被机器逐步接管，人类工作的重心转向更高层次的决策判断、复杂问题解决、创新思维、人机协同及服务领域。这一趋势也体现在用人需求上：岗位能力需求更加强调具备"高阶认知＋社交能力＋数字技能"的复合型人才。对于高校而言，如何培养本科毕业生具备适应智能化时代的核心工作能力，已成为人才培养改革的重要命题。本文基于近年来本科毕业生核心工作能力需求的变化，剖析当前能力培养中存在的不足与挑战，并探讨教学培养的改进方向，以期为高校人才培养和毕业生职业发展提供参考。

二　岗位对能力的需求变化

岗位需求趋向高认知能力、社交能力与数字技能融合的复合型人才。从近五年本科毕业生35项基本工作能力重要度TOP10的变化来看，高阶认知与决策类能力（如判断和决策、解决复杂的问题、疑难排解）重要度显著提升；软技能与沟通类能力（如人力资源管理、理解他人）重要度明显上升；传统硬技能（如电脑编程）的相对优势有所下降，但仍是基础刚需。这些趋势反映出在人工智能时代，岗位更青睐具备"高阶认知＋社交能力＋数字技能"的复合型人才，这对高校人才培养提出了明确指引。

将2024届本科毕业生中重要度排名前十的基本工作能力与2020届重要度排名的对比来看，2024届"判断和决策"已上升至首位，相比2020届的第17位有大幅跃升；"谈判技能""疑难排解""解决复杂的问题"等能力也稳居前列或显著提升；相比之下，传统的"电脑编程"从2020届的排名第1位下降至2024届的第6位（见表12-1）。这并不意味着数字技能不重要，而是其作为通用技术的基础地位已相对稳固，更高层次的认知决策和沟通协作能力正成为区别人才竞争力的关键因素。

表 12-1　2024 届本科毕业生 35 项基本工作能力中重要度前十位

2024 届重要度 TOP10 能力	2024 届排名	2020 届排名
判断和决策	1	17
谈判技能	2	2
疑难排解	3	4
解决复杂的问题	4	10
人力资源管理	5	16
电脑编程	6	1
系统评估	7	15
学习方法	8	9
科学分析	9	19
理解他人	10	12

资料来源：麦可思－中国 2020 届、2024 届大学毕业生培养质量跟踪评价。

在人工智能与自动化技术快速发展的背景下，全球就业市场正经历深刻变革。麦肯锡的研究指出，未来对高级 IT 和编程技能的需求将大幅增长，预计到 2030 年，这类技能的需求将增长 90%。与此同时，对基础重复性认知技能的需求将显著下降，基础数据录入和处理技能的需求预计将减少约 20%。世界经济论坛的《2025 年未来就业报告》也预测，未来五年，技术类技能的重要性提升速度将快于其他任何技能类型，尤其是 AI、大数据相关技能增幅居首位，其次是网络安全和数字素养。此外，创造性思维、抗压适应能力、灵活性和终身学习等素质也被雇主视为重要性上升最快的技能。这些趋势强调了"人机协同"时代对既懂技术又具备高级认知和社交能力的复合型人才的迫切需求。

分学科来看，不同领域岗位能力需求的侧重各有特点，其共性均体现出高阶思维与实践创新的重要性。

理工类毕业生正从传统的技术执行者转向系统决策者和跨界创新者。理工科岗位对系统思维和复杂问题解决能力需求迫切。"判断和决策"在理工科能力重要度中跃居首位，"疑难排解"持续位居前列，反映出技术类岗位愈发需要人才具备统筹全局、解决复杂问题的能力。同时，软技能的重要性持续提升——如"谈判技能""有效的口头沟通"等位列TOP10，说明跨部门协作、人机协同对技术人才发展的影响日益关键。值得注意的是，理工领域对技术创新与设计能力的需求上升明显："技术设计"相关能力排名迅速攀升（见表12-2），表明企业不仅需要会编程的工程师，更需要具有设计思维和创新实践能力的复合型工程师。

表12-2　2024届理工类专业毕业生35项基本工作能力重要度前十位

2024届重要度TOP10能力	2024届排名	2020届排名
判断和决策	1	19
谈判技能	2	3
疑难排解	3	4
有效的口头沟通	4	6
电脑编程	5	1
技术设计	6	21
理解他人	7	11
逻辑思维	8	5
协调安排	9	14
学习方法	10	8

资料来源：麦可思-中国2020届、2024届大学毕业生培养质量跟踪评价。

人文社科类毕业生则从经验直觉驱动逐步转向数据理性驱动。数据分析和理性决策类能力在文科岗位中的重要度显著提高——"判断和决策"跃升至首位，"解决复杂的问题""科学分析"均进入TOP10。这体现了即使在人文社科领域，数据驱动与证据决策的思维方式也越来越受到重视。同时，文科领域传统优势的沟通共情类软技能的重要度继续保持高位："理解他人""积极聆听"依然名列前茅，说明在人本服务和团队协作方面岗位要求依旧强调情商和沟通能力。此外，"人力资源管理"能力的重要性快速上升至前十（见表12-3），凸显组织协调与团队管理在现代职场中的价值。总体而言，人文社科岗位正在重视"数据素养+人文关怀"并重的人才，既要求毕业生具备理性分析、使用数字工具的能力，又要求其具有人文洞察力和组织领导力，以应对更复杂多变的工作环境。

表12-3　2024届人文社科类专业毕业生 35 项基本工作能力重要度前十位		
2024 届重要度 TOP10 能力	2024 届排名	2020 届排名
判断和决策	1	15
谈判技能	2	1
解决复杂的问题	3	2
人力资源管理	4	11
理解他人	5	7
积极聆听	6	3
学习方法	7	10
设计思维	8	4
科学分析	9	23
时间管理	10	5

资料来源：麦可思－中国 2020 届、2024 届大学毕业生培养质量跟踪评价。

综上，AI 时代的人才需求呈现高度的复合化特征：既要拥抱技术，又要突出人类优势。这一趋势与世界经济论坛发布的《2025 年未来就业报告》相契合：预计到 2030 年，全球约 90% 的工作岗位将要求具备某种程度的数字技能。然而，当前许多职场人士在技能准备上仍主要集中于传统业务技能，未能充分重视诸如机器学习、数据分析等新兴数字能力。这一现象提醒高校，一方面基础的专业技能训练仍不可或缺，另一方面更需前瞻性地加强对数据分析、AI 应用等新技能的培养，帮助学生补齐数字素养短板。同时，要持续锻炼学生的沟通协作、领导力、适应力等软技能，因为在高度智能化的未来，这些人类独有的技能将成为与机器区分开并相辅相成的关键。

三　能力培养的不足与挑战

随着产业需求快速演变，对比上述岗位能力需求，高校的人才培养在若干方面仍存在不足，导致毕业生的部分核心能力与岗位期望之间出现落差。从 2024 届本科毕业生的评价来看，其基本工作能力总体满足度为 90%，说明多数毕业生认为自身能力能够胜任工作要求。然而，重要度 TOP10 的基本工作能力中，沟通协调、解决复杂的问题和数字技能等方面的培养仍有短板。

调研数据显示，软技能与高阶认知能力（如"理解他人""学习方法""判断和决策"）的满足度相对较高，均在 91% 或以上，高于整体平均水平。这说明高校在培养学生的人际沟通、学习方法和决策判断等方面已取得一定成效，毕业生在进入职场时对自身这些能力较为自信。然而，涉及沟通协作与解决复杂的问题的能力（如"谈判技能""疑难排解""系统评估"）满足度偏低（88%~89%）。这表明这些能力的培养仍有提升空间，毕业生可能缺乏足够的实践情境锻炼，在面对实际复杂问题、进行跨部门协作时，能力还有待提升。

此外，传统技术性硬技能的培养相对滞后。例如，"电脑编程"作为数字时代的基础技能，其 2024 届本科毕业生的基本工作能力满足度仅为 86%（见图 12-1）。结合在校期间素养提升的数据可以看到，2024 届本科生的数字素养提升比例仅为 57%，相比其他素养偏低。这反映当前多数毕业生在实操型数字技能上存在明显短板，实践动手能力和对新技术的敏感度不足。特别是在一些技术更新快速的领域，毕业生对行业最新实践缺乏了解。

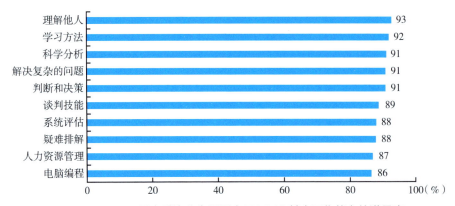

图 12-1　2024 届本科毕业生重要度 TOP10 基本工作能力的满足度

资料来源：麦可思－中国 2024 届大学毕业生培养质量跟踪评价。

毕业生能力上的短板反映出在校期间培养过程上的不足，进一步分析理工类与人文社科类专业毕业生的反馈，可以发现各有侧重的培养痛点。

跨学科融合与前沿知识融入不足。整体来看，无论理工还是人文社科，本科阶段缺乏跨学科交叉学习的机会以及对新兴前沿领域的及时涉猎。2019届毕业生工作五年后的评价结果显示，毕业生对本科阶段教师指导、与同学互动学习、理论联系实际等教学模式较为满意，但对前沿知识融入课堂和跨学科学习经历的满意度偏低，尤其理工科在这两方面落后于全国均值（见表12-4）。这意味着高校教学与科研前沿和产业动态之间存在一定隔阂。比如，人工智能、大数据等热点领域的发展日新月异，但很多本科专业课程对此涉及不多，学生难以从课堂获取最新的知识和技能。另外，学科壁垒依然明显，大多数本科生的课程体系中缺乏跨学科模块或项目，限制了复合型思维的训练。

表 12-4　工作五年的本科毕业生对教学各方面的满意度

单位：%

教学各方面满意度	全国本科	理工类专业	人文社科类专业
教师指导效果	94	93	94
与同学互动学习的经历	90	89	91
理论联系实际的教学模式	89	88	89
教学资源满足学习所需	89	87	89
知识传授中融入前沿理念	86	84	88
跨学科学习经历	85	83	86

资料来源：麦可思－中国2019届大学毕业生五年后职业发展跟踪评价。

理工类专业课程内容陈旧、实践应用不足。调研数据显示，理工科毕业生认为本科课程"不实用"的比例从2020届的37%上升到2024届的41%（见图12-2）。这说明随着AI、信息技术、先进制造等领域快速发展，课程内容的更新滞后日渐突出。此外，理工科毕业生对核心课程的重要度评价持续偏低（2020届83%，2024届为82%，均低于全国本科平均水平）（见图12-3），2019届工作五年后的理工科毕业生对课程设置合理度评价也相对较低，特别是工科（83%）明显低于全国本科平均水平（91%）。这些都指向同一问题：理工科专业课程体系的前沿性、实用性不足，未能紧跟产业技术的发展。

图12-2　本科理工类毕业生认为课程内容不实用的比例

资料来源：麦可思 – 中国 2020~2024 届大学毕业生培养质量跟踪评价。

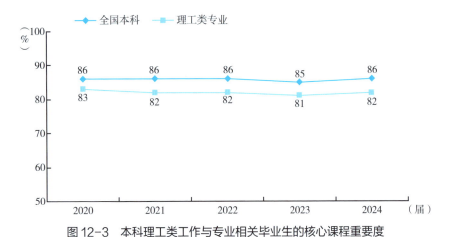

图12-3　本科理工类工作与专业相关毕业生的核心课程重要度

资料来源：麦可思 – 中国 2020~2024 届大学毕业生培养质量跟踪评价。

人文社科类专业实践教学薄弱、产学联系不紧。调研数据显示，人文社科类毕业生对实践环节的改进期待更高。2019 届工作五年的人文社科类毕业生中，有 57% 指出在校期间"实习和实践环节不够"，50% 指出"与行业、企业需求对接不紧密"（见表 12-5）。这说明在人文社科专业，课程实践性与就业市场的衔接需加强。部分人文社科类专业课程侧重理论讲授，缺乏深入行业的实习项目或案例教学，导致学生毕业时对实际工作场景和职业要求了解不足。此外，人文社科类专业学生还希望通识课程更加多元化，有 44% 认为通识课程"课程种类不丰富"（见表 12-6），期望学习跨学科的新知识。这些反馈表明，人文社科人才培养需要在拓展实践训练、加强产教融合方面加强改进，使学生既有人文底蕴，又具备在现实环境中运用知识解决问题的能力。

表 12-5 工作五年的本科人文社科类毕业生对专业教育改进期待（多选）单位：%		
专业教育改进期待	人文社科类专业	全国本科
实习和实践环节不够	57	54
涉及学科前沿动态的内容少	51	55
与行业、企业需求对接不紧密	50	48
学科交叉融合的内容少	46	46
课程难度低，缺乏挑战性	19	18
课程考核方式不合理	13	14

资料来源：麦可思－中国 2019 届大学毕业生五年后职业发展跟踪评价。

表 12-6 工作五年的本科人文社科类毕业生对通识教育改进期待（多选）单位：%		
通识教育改进期待	人文社科类专业	全国本科
对学生学习兴趣调动不够	62	63
课程种类不丰富	44	42
课程规模不合理，大班教学偏多	35	35
教学目标不够清晰	28	28
课程考核不合理	16	15

资料来源：麦可思－中国 2019 届大学毕业生五年后职业发展跟踪评价。

自主学习与终身学习能力有待加强。除了课程设置外，高校还面临培养学生学习能力和学习习惯的挑战。数据发现，2023-2024学年本科生在课前、课堂、课后的学习行为中，主动深层学习的表现普遍不足。多数学生习惯于被动接受知识，缺乏主动预习、提出问题的意识；课堂上提问讨论的积极性不高，更倾向于被动听讲；课后也缺少系统复习、延伸阅读的习惯（见表12-7）。这种学习行为导致毕业生进入职场后，在需要自我驱动学习新技能时感到吃力。据2019届毕业生工作五年后的跟踪评价，"终身学习能力"被认为是最需要的通用能力（68%的需求度），但其胜任程度是所有能力中最低的。显然，本科教育在激发学生学习内驱力、培养终身学习意识方面仍有很大改进空间。

表12-7 2023-2024学年本科生在校学习行为

单位：%

		学习行为	总是	经常	偶尔	从不
课前学习主动性	浅层	课前完成规定的阅读或作业	42	41	16	1
	深层	自主预习，梳理知识并发现问题	29	38	30	3
课堂学习积极性	浅层	专心上课	36	52	11	1
		能跟上老师的讲解进度	33	53	13	1
	深层	主动提问或参与讨论	28	38	30	4
课后学习自主性	浅层	依课程难度、重要程度分配时间和精力	31	50	18	1
		课后复习笔记及总结课堂教学相关知识	28	47	24	1
		搜集、阅读课程相关的参考资料	27	45	26	2
	深层	注意观察、借鉴他人的学习方法和经验	28	48	22	2
		制定短期学习计划以提高学习效率	28	42	28	2
		延伸阅读教师推荐的其他相关书目	24	38	33	5

资料来源：部分高校2023-2024学年在校生跟踪评价。

归纳上述问题，可以看出高校人才培养仍存在课程内容与产业需求脱节、教学方式与时代发展不适、学生学习动力不足等瓶颈。这些不足亟待改进，以助力毕业生适应快速演变的就业环境。在人工智能时代，知识更新周期显著缩短，新技术新业态层出不穷，高校培养需匹配社会对创新人才的迫切需求，在教育教学理念和培养模式上进行系统改进。

四　教学培养改进方向

优化课程体系，紧贴技术前沿与产业需求。理工类专业课程更新滞后，难以满足 AI、大数据等新兴技术发展需求。高校应建立快速响应机制，定期引入前沿技术内容，强化计算思维、数据分析等基础课程，并为相关专业学生开设高阶编程、机器学习等进阶课程。同时，推动跨学科融合，鼓励工科生学习人文社科课程，文科生掌握数据分析与编程技能，培养复合型人才。吉林大学校长张希指出，AI 时代应构建交叉融合、动态迭代的学科体系，培养兼具人文情怀和技术素养的新型人才。[①]

创新教学模式，强化实践与人机协同能力。传统教学模式以教师讲授为主，学生被动接受，难以满足 AI 时代对人才实践能力的要求。教育部等九部门《关于加快推进教育数字化的意见》提出，要以数字赋能推动教育理念和教学模式的整体性变革，培养学生的高阶思维和实践能力。高校应增大项目制学习、企业实习等实践教学比重，推广"项目式学习"（PBL）和案例教学，提升学生解决实际问题的能力。同时，利用 AI 技术推进智慧教学，建设虚拟实验平台和智能教学系统，实现个性化学习。

深化产教融合，构建协同育人机制。高校应加强与行业企业的合作，邀请企业专家参与课程设计与教学，推进"订单式培养"，建立实训基地，提升学生的实践能力和就业竞争力。政府应完善产教融合政策，鼓励企业参与人才培养体系，推动教育链、人才链与产业链的深度融合。AI 时代高校应主动运用人工智能推动教育变革，构建"AI+ 教育"的融合发展道路。

培养终身学习能力，营造积极学习生态。AI 时代知识更新迅速，终身学习成为必然。高校应在课程中融入学习方法指导，改革评价方式，鼓励学生

---

① 张希:《人工智能时代下的本科教育教学变革与人才培养》，2025 年 3 月 27 日吉林大学
2025 年本科教育工作会议。

自主探究与持续提升能力。同时，提供丰富的在线课程资源，建立学习共同体，营造良好的学习氛围。Coursera 数据显示，2024 年与生成式 AI 相关的线上课程注册人数同比增长 1060%，凸显出全球对新技能的学习热情。

五 启示：构建复合型人才培养体系

人工智能技术正迅速改变就业环境，对高校毕业生的核心工作能力提出了更高要求。本专题研究发现，就业市场对人才的需求正明显转向高阶认知能力、跨学科综合素养和人机协同能力。理工类毕业生需从技术执行者转型为具备系统思维和跨领域协作能力的复合型人才，人文社科类毕业生则需从经验直觉向数据分析和决策驱动转型。单一的技能已不足以应对未来职场，多元复合能力成为关键。

然而，目前高校的人才培养与市场需求尚存差距：课程内容更新缓慢，实践教学不足，学科壁垒仍存，自主学习与创新能力未得到有效激发。高等教育需主动求变，以适应新的人才需求。这需要政府、高校、企业和学生共同努力：政府需完善顶层设计和政策保障，推进教育数字化转型；高校应深化教学改革，培养复合型人才；企业则需积极参与人才培养，提供实践机会；学生个人应增强终身学习意识，主动适应职场变化。教育部强调，要以数字化、智能化赋能教育变革，培养引领未来发展的人才。

面向未来，AI 时代对本科教育提出了新要求：高校不仅要传授知识，更需培养学生的学习能力、创新精神与社会责任感。培养兼具技术技能与人文素养的复合型人才，是把握智能时代机遇的关键。高校应积极拥抱变化，以实际行动推动教学改革，为学生未来发展提供有力支持。

参考文献

《教育部等九部门关于加快推进教育数字化的意见》，教办〔2025〕3 号。

《教育部关于深化本科教育教学改革全面提高人才培养质量的意见》，教高〔2019〕6号。

张希:《人工智能时代下的本科教育教学变革与人才培养》，2025年3月27日吉林大学2025年本科教育工作会议。

世界经济论坛:《2025年未来就业报告》，2025。

Coursera:《2024全球技能报告》，2024。

麦肯锡全球研究院:《技能转型：自动化对未来劳动力技能需求的影响》，2018。

附　录
技术报告

一　数据介绍

（一）评价覆盖面

2025 年度麦可思－全国大学毕业生跟踪评价分类如下。

1.2024 届本科生培养质量跟踪评价于 2025 年 3 月初完成。本次评价以本科生毕业半年后的就业状况为基础，覆盖全国本科毕业生样本约 17.1 万人，涉及 474 个本科专业，涵盖东部、中部、西部和东北地区，毕业生从事的职业 570 个、行业 321 个。

2. 麦可思曾对 2019 届大学毕业生开展了毕业半年后的跟踪评价，并于 2024 年底完成了针对这一群体的再次跟踪评价（即毕业五年后）。此次评价旨在通过更长的时间跨度，深入观察毕业生的发展变化情况。覆盖全国本科毕业生样本约 9.7 万人，涉及 382 个本科专业，涵盖东部、中部、西部和东北地区，毕业生从事的职业 606 个、行业 319 个。

（二）评价对象

毕业半年后（2024 届）、五年后（2019 届）的本科毕业生：包括"双一流"院校、地方本科院校的毕业生，不包括成人高等教育、军事院校和港澳台院校的毕业生。

二 研究概况

（一）研究目的

1. 了解本科毕业生的就业状态及就业质量，发现满足社会需求方面存在的问题；

2. 了解本科毕业生的升学、灵活就业以及未就业的状况；

3. 了解本科毕业生的职业发展、能力和素养达成情况；

4. 了解本科毕业生对母校的满意程度以及对教育教学过程的反馈。

（二）研究样本

本研究需提醒读者注意以下几点。

1. 答题通过电子问卷客户端实现，未被邀请的答题将视为无效。

2. 本研究对答题和未答题的样本进行了检验，没有发现存在自我选择性样本偏差问题（Self-selection Bias）[1]。

3. 针对样本分布与实际总体分布之间存在的明显差异可能导致的统计误差，本研究采用权数调整法进行修正，即以全国回收的总样本为基础，参照地区、院校类型及专业的实际分布比例进行再抽样。再抽样后的样本分布与实际分布情况详见表1至表5，其中本科毕业生的实际分布比例数据来源于中华人民共和国国家统计局网站。

表1 2024届各区域本科毕业生样本人数分布与实际人数分布

单位：%

区域	样本人数占比	实际人数占比
东部地区	37.4	37.5
西部地区	27.0	27.1

---

[1] 自我选择性样本偏差问题：是指调查中存在某类群体选择答题的概率和其他群体有明显不同。

区域	样本人数占比	实际人数占比
中部地区	26.7	26.5
东北地区	8.9	8.9

续表

资料来源：麦可思－中国 2024 届大学毕业生培养质量跟踪评价；中华人民共和国国家统计局。

表 2　2024 届各省份本科毕业生样本人数分布与实际人数分布

单位：%

省份	样本人数占比	实际人数占比
北京	2.5	2.5
天津	1.8	1.8
河北	5.0	5.0
山西	3.0	2.9
内蒙古	<1.0	1.6
辽宁	3.4	3.4
吉林	2.7	2.7
黑龙江	2.8	2.8
上海	2.0	2.0
江苏	5.8	5.8
浙江	3.6	3.6
安徽	3.5	3.6
福建	2.8	2.8
江西	3.5	3.4
山东	6.6	6.6
河南	7.5	7.5
湖北	4.9	4.9
湖南	4.2	4.2
广东	6.6	6.7
广西	3.4	3.4
海南	<1.0	0.7
重庆	2.8	2.8

续表

省份	样本人数占比	实际人数占比
四川	5.6	5.6
贵州	2.4	2.4
云南	3.4	3.4
西藏	<1.0	0.2
陕西	4.8	4.0
甘肃	2.0	1.7
青海	<1.0	0.2
宁夏	<1.0	0.5
新疆	1.6	1.3

注：表中样本人数比例小于1.0%的数值均用"<1.0"表示，下同。

资料来源：麦可思-中国2024届大学毕业生培养质量跟踪评价；中华人民共和国国家统计局。

表3　2024届各学科门类本科毕业生样本人数分布与实际人数分布

单位：%

本科学科门类	样本人数占比	实际人数占比
工学	34.9	34.8
管理学	15.5	15.0
艺术学	10.7	10.2
文学	10.2	9.9
医学	7.1	7.1
理学	5.5	7.1
教育学	4.9	4.6
经济学	4.8	5.2
法学	4.5	3.6
农学	1.5	1.8
历史学	<1.0	0.6
哲学	<1.0	0.1

资料来源：麦可思-中国2024届大学毕业生培养质量跟踪评价；中华人民共和国国家统计局。

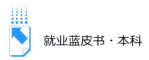

表4　2019届各区域本科生毕业五年后样本人数分布与实际人数分布

单位：%

区域	样本人数占比	实际人数占比
东部地区	39.2	39.1
中部地区	26.1	26.1
西部地区	24.2	24.3
东北地区	10.5	10.5

资料来源：麦可思－中国2019届大学毕业生五年后职业发展跟踪评价；中华人民共和国国家统计局。

表5　2019届各学科门类本科生毕业五年后样本人数分布与实际人数分布

单位：%

学科门类	样本人数占比	实际人数占比
工学	32.8	33.4
管理学	18.5	18.1
文学	9.4	9.4
艺术学	8.5	10.0
理学	7.9	7.1
医学	6.8	6.5
经济学	5.3	5.8
法学	4.4	3.6
教育学	3.7	3.7
农学	1.9	1.8
历史学	<1.0	0.5
哲学	<1.0	0.1

资料来源：麦可思－中国2019届大学毕业生五年后职业发展跟踪评价；中华人民共和国国家统计局。

致　谢

《2025 年中国本科生就业报告》是麦可思发布的第 17 部"就业蓝皮书"。本报告在内容、结构和体例上进一步优化完善，通过数据和图表直观呈现分析结果，便于读者从各自的专业视角深入解读数据或图表背后的因果关系。

在此特别感谢帮助完善本年度报告的各位高等教育管理者和研究人员，恕不一一具名。报告中的任何疏漏与不足之处均由作者承担全部责任。

感谢读者朋友们对本报告的关注与支持。受篇幅所限，本报告仅展示部分研究数据。如需获取更详细的内容，请联系作者（research@mycos.com）。

Abstract

Chinese 4-Year College Graduates' Employment Annual Report (2025) comprehensively analyzes the employment status of the 2024 undergraduate graduating class. Based on tracking evaluations of fresh graduates and mid-career alumni, the report deeply explores multiple dimensions including graduation destinations, employment structure, employment quality, career development, further study, flexible employment, capability attainment, and satisfaction with schools.

The scale of college graduates in 2024 reached a new high, and the employment situation continued to be under pressure. The destination attainment rate for undergraduate graduates was 86.7%, maintaining an overall stable employment trend. Graduates showed more rational and diversified trends in career selection and further study. The destination attainment rate of "Double First-Class" universities reached 91.9%, and that of local undergraduate institutions was 85.6%. The proportion of graduates pursuing postgraduate studies domestically continued to increase, the proportion of full-time postgraduate entrance exam preparation significantly decreased, and the proportion of studying abroad rebounded. The proportion of flexible employment increased to 5.8%, with more freelancing and self-employment, among which the proportion of employment relying on new internet business formats increased. The employment focus tilted toward prefecture-level and below cities, with the proportion rising to 63%. Private enterprises played a leading role in non-first-tier city employment, accounting for 55%.

The development of emerging industries has driven the continuous optimization of the employment structure, with digital technology and strategic emerging industries providing more high-quality positions. The employment proportion in electronic and electrical equipment, mechanical equipment, and transportation equipment manufacturing industries rose to 12.1%, with related positions offering leading salaries that increased by more than 120% in five years. Majors in semiconductor, intelligent manufacturing, new energy, and other fields have obvious employment advantages. Majors such as microelectronics and electrical engineering have been rated as "green-card majors" for three consecutive years, and graduates' monthly income generally reaches more than 6,900 yuan. The rise of the digital economy has driven the growth of new occupations such as new media operations and creative design, increasing the requirements for graduates' digital literacy and cross-border capabilities, and bringing new opportunities for university teaching reform.

Digital technology promotes industrial upgrading, and universities are accelerating the adjustment of their professional structure to adapt to national strategies and regional economic needs. "Double First-Class" universities have added strategic majors such as artificial intelligence and integrated circuits, focusing on solving national key technical problems. Local universities' professional layout is closely integrated with regional industrial needs. For example, universities in Anhui and other regions have added majors in intelligent manufacturing, digital economy, and new energy materials. However, the problem of homogeneous professional settings still exists. However, major setup still suffers from homogenization issues. Some local universities irrationally launch popular majors, with curricula lagging behind industry needs—leading to lower graduate satisfaction. This highlights the need to strengthen systematic evaluation and characteristic development in major construction.

New technologies drive the reshaping of job capabilities, and the market demand for comprehensive talents has increased. The capability requirements for undergraduate

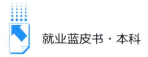

就业蓝皮书·本科

graduates show a trend of integration of "high-order cognition + social interaction + digital skills", with significantly increased demands for abilities such as judgment and decision-making, complex problem-solving, and communication and collaboration. The demand for basic digital skills remains strong. Competency data shows that the satisfaction with key abilities such as negotiation, problem-solving, and programming is still insufficient. There is a lack of interdisciplinary collaborative cultivation, the curriculum update of science and engineering majors is slow, and the frontier is insufficient, and the practical teaching of humanities and social sciences is weak. Universities need to deepen curriculum reform and cross-border practice, strengthen the precise docking of talent training and industrial needs, and comprehensively improve graduates' comprehensive capabilities to adapt to the future employment environment.

Keywords: Undergraduate Graduates; Employment Choice; Industrial Structure Optimization; Capability Reshaping

Contents

I   General Report

Abstract: In 2024, the scale of college graduates hit an all-time high. Against the backdrop of sustained pressure on the employment landscape, the destination attainment rate remained stable at 86.7%; the average monthly income grew steadily to CNY 6,199; and employment satisfaction rose to 81%. Graduates demonstrated more rational and diversified trends in career and further study decisions: the proportion of domestic postgraduate enrollment for the 2024 cohort increased steadily to 18.4%, with more reasoned decision-making; the study-abroad rate rebounded steadily to 2.0% and returning overseas talents effectively bolstered employment quality; flexible employment accounted for 5.8%, among which the share relying on new internet-driven business formats saw an uptick.

The employment focus continued to shift toward prefecture-level and lower-tier cities, with enhanced absorption capacity in medium and small urban areas. The proportion of employment in private enterprises kept rising, further optimizing the employment structure. Emerging industries—particularly high-tech manufacturing,

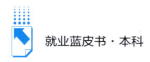
new energy, and the digital economy—drove job growth, with related majors featuring prominent salary levels and development potential. While universities have proactively aligned their academic programs with national strategies and local industrial upgrading, issues such as homogeneous major offerings and lagging curriculum updates warrant vigilance. Technologies like AI are accelerating the reconstruction of job competency frameworks, favoring interdisciplinary talent. Universities must strengthen curriculum reform, practical training, and interdisciplinary integration to enhance the alignment and forward-looking nature of talent cultivation.

Keywords: Diversified Employment; Structural Optimization; Digital Transformation; Cultivation of Interdisciplinary Talents; Undergraduates

Ⅱ Sub–reports

B.2 Analysis of the Destinations of Undergraduate Graduates

/ 006

Abstract: Against the backdrop of economic and industrial restructuring, graduation destinations for the 2024 undergraduate cohort showed diversified development. While the employed proportion declined, flexible pathways such as freelancing and self-employment continued to diversify career trajectories. The further study rate reached 21.5%, with the proportion preparing for postgraduate exams having declined—reflecting more rational decisions on pursuing graduate studies.

Six months after graduation, the destination attainment rate rose steadily to 86.7% for 2024—91.9% for "Double First-Class" universities and 85.6% for local undergraduate institutions. Regionally, the eastern region led at 87.5%—bolstered by its industrial and educational advantages—with the Pearl River Delta ranking top at 90.3%.

Evident disciplinary and major-based employment stratification saw engineering majors excel: Energy & Power and Electrical Engineering stood at 96.4% and 95.8% respectively, driven by the digital and intelligent transformation of manufacturing. Humanities and social science majors, however, faced prominent "slow employment" trends. Among the unemployed, the share of job-seekers increased, reflecting challenges faced by some graduates in the job market.

Keywords: Destination Attainment Rate; Diversified Employment; Regional Disparities; Job-Seeking; Undergraduates

B.3 Analysis of the Employment Structure of Undergraduate Graduates

/ 023

Abstract: The employment of 2024 undergraduate graduates showed the characteristics of continuous downward shift to medium and small cities and continuous optimization of the industry structure. In terms of employment regions, the eastern region remained the core of graduate employment, accounting for 50.3%. The Yangtze River Delta and Pearl River Delta attracted a large number of graduates by leveraging industrial chain advantages and talent policy innovation. The focus of employment further shifted to prefecture-level and lower-tier cities, reflecting the continuous enhancement of the attractiveness of medium and small cities to talents under the background of new-type urbanization.

In terms of industry and occupation structure, the proportion of employment in high-end manufacturing, new energy, and cultural industries showed an upward trend, while traditional industries such as construction notably declined. Demand for sales and emerging technology positions increased, while the absorption capacity of traditional financial and construction engineering positions weakened. Private enterprises and small, medium, and micro enterprises continued to expand their absorption of graduates, playing a key supporting role in employment stability. Major

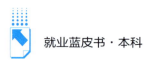

early warning analysis shows that engineering majors such as electrical engineering and new energy have better employment prospects, while majors such as law and art face greater employment pressure.

Keywords: Employment Structure; Downward Shift in Employment; Industry Distribution; Major Early Warning; Undergraduates

B.4   Analysis of the Income of Undergraduate Graduates

/ 039

Abstract: The average monthly income of 2024 undergraduate graduates showed a steady upward trend, reaching CNY 6,199 half a year after graduation. After deducting price factors, the real growth stood at 9.7% compared with the 2020 cohort—far exceeding the average monthly disposable income of urban residents over the same period. Five years after graduation, the 2019 cohort saw a 95% increase in monthly income, highlighting the significant rise in educational returns over time.

By major, engineering graduates continued to lead in starting salaries and growth rates. The 2024 cohort earned an initial monthly income of CNY 6,841, with 111% increase five years after graduation. High-tech majors such as new energy, electronic information, and automation ranked among the top in monthly earnings. Regionally, the eastern region—benefiting from first-mover advantages—remained a hub for high salaries, outperforming other areas in both income levels and growth rates. First-tier cities maintained a clear salary edge, while new first-tier cities showed faster income growth.

In industry terms, core sectors of the digital economy and high-tech manufacturing led in earnings, while income growth in traditional industries slowed. By employer type, Sino-foreign joint ventures/foreign-funded/wholly-owned enterprises offered higher starting salaries, whereas private enterprise graduates saw a remarkable

120% income growth five years after graduation. Universities are advised to monitor market changes and optimize talent cultivation structures accordingly.

Keywords: Salary Growth; Educational Return; Regional Economic Disparities; Undergraduates

B.5 Analysis of the Employment Satisfaction Undergraduate Graduates

/ 069

Abstract: Over the past five years, employment satisfaction among undergraduate graduates has been on a steady upward trend, reaching 81% for the 2024 cohort—10 percentage points higher than five years ago. Notably, local undergraduate institutions outperformed "Double First-Class" universities in satisfaction for the first time—standing at 81% and 78%, respectively—reflecting the synchronized optimization of university employment service systems and graduates' career attitudes.

Regionally, graduates in the eastern region—bolstered by high-paying opportunities—and those in the northeastern region—supported by stable institutional positions—tied for the top satisfaction rate, both standing at 82% for the 2024 cohort. In terms of industries, employment satisfaction was relatively high in government public administration, livelihood sectors, and high-tech manufacturing, while it lagged in traditional industries and general services. By employer type, government agencies and public institutions scored high in satisfaction due to strong job security and moderate work pressure. Private enterprises, despite faster salary growth, saw relatively lower satisfaction due to factors like high work intensity.

Keywords: Employment Satisfaction; Career Attitudes; Industry Disparities; Undergraduates

B.6　Analysis of the Career Development of Undergraduate Graduates

/ 085

Abstract: The professional fit of 2024 undergraduate graduates remained stable, with 73% engaged in major-related work—on par with the previous cohort. However, the proportion shifting to non-corresponding positions due to "professional work environments failing to meet expectations" increased, reflecting that new-generation graduates place greater emphasis on workplace culture and team atmosphere. In terms of career development, the 2019 cohort saw a 55% promotion rate within five years, though the "late-mover advantage" of graduates who pursued further study requires longer accumulation to materialize. Regarding employment stability, graduates' initial adaptation to the workplace was relatively stable, but the proportion of job quitting due to high work pressure increased—reflecting both graduates' emphasis on work-life balance and revealing structural contradictions in labor market supply and demand. It is recommended that universities strengthen pre-career experience courses to narrow cognitive gaps, while enterprises should enhance organizational flexibility.

Keywords: Professional Fit; Workplace Culture; Position Promotion; Organizational Flexibility; Undergraduates

B.7　Analysis of Postgraduate Study and Studying Abroad of Undergraduate Graduates

/ 107

Abstract: The proportion of 2024 undergraduate graduates pursuing domestic postgraduate studies rose steadily to 18.4%, with "Double First-Class" universities showing a more pronounced increase—a five-year rise of over 20% to 39.5% for the

2024 cohort. Concurrently, the proportion preparing for postgraduate entrance exams declined for two consecutive years, reflecting more rational further study decisions among graduates. Postgraduate major choices trended toward interdisciplinary integration, with an increasing number of "Double First-Class" graduates pursuing cross-disciplinary studies.

The study-abroad market gradually recovered, with the 2024 cohort's study-abroad rate rebounding from 1.3% in the 2022 cohort to 2.0%. Over 70% of overseas students returned to China directly after graduation, with new first-tier cities like Hangzhou, Chengdu, and Suzhou emerging as key employment destinations outside traditional first-tier cities. The economic returns of academic advancement were significant: graduates with advanced degrees earned CNY 1,001 more monthly than those without.

Keywords: Postgraduate Enrollment Rate; Major Selection; Study-Abroad Rate; Returns of Academic Advancement; Undergraduates

B.8 Analysis of Flexible Employment of Undergraduate Graduates

Abstract: The scale of flexible employment among undergraduate graduates continues to expand, with career choices becoming more diversified. The flexible employment rate for the 2024 cohort reached 5.8%, up from 5.1% in the previous cohort. Employment forms include part-time work, freelancing, and self-employment, among which self-employed graduates reported an 88% employment satisfaction rate—reflecting positive identification with self-worth realization.

In terms of industry distribution, the new cultural industries driven by the digital economy have become the preferred direction for flexible employment. Fields such as short videos, live streaming, e-sports, and digital content creation have rapidly emerged, providing extensive career options for graduates. With accumulating work experience, the entrepreneurship rate rose to 2.8% five years after graduation, with 74% of projects turning profitable and 91% of entrepreneurs hiring employees. However, flexible employment groups still face significant challenges in skill upgrading, social security, and funding. It is recommended that the government further improve the relevant security system, and universities strengthen skill training for new business formats.

Keywords: Flexible Employment; New Business Formats; Entrepreneurship-Driven Employment; Security System; Undergraduates

B.9   Analysis of Competencies of Undergraduate Graduates

Abstract: The cultivation of basic work competencies among undergraduate graduates has achieved remarkable results, with the 2024 cohort's competency satisfaction rate reaching 90%—a 4-percentage-point increase from the 2020 cohort. Specifically, graduates excelled in judgment and decision-making competencies, with a satisfaction rate of 91%. Meanwhile, the maturity of AI-assisted programming tools effectively enhanced graduates' computer programming competency, hitting 86% satisfaction for the 2024 cohort. However, lifelong learning capability—critical for graduates' long-term career development—still has significant room for improvement compared to other general competencies.

In terms of quality cultivation, universities' efforts in "fostering virtue and cultivating people" have yielded notable achievements. Graduates demonstrated strong performance in ideal and belief, as well as law-abiding and integrity awareness. Nevertheless, against the backdrop of globalization and digitization, graduates' international vision and digital literacy remain insufficient. It is recommended that universities systematically strengthen the cultivation of relevant skills to better meet talent demands in the context of technological change and globalization.

Keywords: Lifelong Learning; Digital Literacy; International Vision; Undergraduates

B.10　Analysis of Undergraduate Graduates' Satisfaction with School

Abstract: Overall satisfaction of undergraduate graduates with their alma mater has remained at a high level, standing at 95% for the past five cohorts. Curriculum teaching has been continuously optimized, with graduates' satisfaction with teaching rising from 92% for the 2020 cohort to 94% for the 2024 cohort. The alignment between curriculum design and job requirements has generally remained stable. However, it is noteworthy that the proportion of graduates reporting "impractical or outdated course content" has been increasing year by year, reaching 38% for the 2024 cohort—indicating that the updating speed of course content has failed to keep pace with industrial changes, particularly in engineering majors.

Teacher-student interaction is frequent, with more active off-class communication in arts and education disciplines. Employment guidance services have shown remarkable effectiveness, with satisfaction rates increasing by a cumulative 4 percentage points over five years to 91% for the 2024 cohort—particularly high recognition for one-on-one counseling and job-seeking skills training. Campus facilities have been continuously improved, with graduates' evaluations rising year by year, effectively supporting student growth and development.

Keywords: Graduate Satisfaction; Curriculum Teaching; Teacher-Student Interaction; Career Guidance; Undergraduates

Ⅲ　Special Reports

Abstract: With the rapid development of digital technologies, the global job market is undergoing structural transformation, spurring the emergence of numerous new professions and academic programs. The vigorous growth of the digital economy has driven demand for new technical positions such as algorithm engineers and intelligent driving R&D engineers. Meanwhile, traditional roles are undergoing transformation, requiring practitioners to possess enhanced technical and digital competencies. Universities have gradually responded to these changes in major setup, adding programs that align with national strategies and local economic needs—particularly in fields like artificial intelligence, digital economy, and intelligent manufacturing.

As industrial upgrading progresses, especially the digital transformation of high-tech and modern service industries, demand for related positions has steadily increased, prompting universities to continuously adjust their disciplinary structures and curriculum content. To better cultivate interdisciplinary talents meeting industry needs, universities must strengthen interdisciplinary integration, enhance the forward-looking nature of practical teaching and curriculum design, and establish major early-warning mechanisms to ensure close alignment between educational quality and market demand.

Keywords: New Professions; Digital Technologies; Industrial Upgrading; Major Setup; Undergraduates

Contents

Abstract: The advent of the artificial intelligence (AI) era is profoundly transforming the job market and talent demands. With the rapid development of technologies like AI and big data, traditional positions are gradually being replaced by intelligent systems, creating a sharp increase in demand for interdisciplinary talents with "high-order cognitive abilities, social skills, and digital literacy." Analysis of the core work competencies of the 2024 undergraduate cohort reveals shortfalls and challenges in university talent cultivation, such as lagging curriculum updates, insufficient practical training, and a lack of interdisciplinary integration.

In response to these issues, this report proposes improvement directions: optimizing the curriculum system, strengthening practical teaching, promoting industry-education integration, and cultivating lifelong learning capabilities. In the future, universities should proactively adapt to the needs of the AI era, cultivating interdisciplinary talents with both technical proficiency and humanistic literacy to address the rapidly changing workplace environment.

Keywords: Artificial Intelligence; Interdisciplinary Talents; Core Competencies; Educational Reform; Undergraduates

209

皮 书

智库成果出版与传播平台

✦ 皮书定义 ✦

皮书是对中国与世界发展状况和热点问题进行年度监测，以专业的角度、专家的视野和实证研究方法，针对某一领域或区域现状与发展态势展开分析和预测，具备前沿性、原创性、实证性、连续性、时效性等特点的公开出版物，由一系列权威研究报告组成。

✦ 皮书作者 ✦

皮书系列报告作者以国内外一流研究机构、知名高校等重点智库的研究人员为主，多为相关领域一流专家学者，他们的观点代表了当下学界对中国与世界的现实和未来最高水平的解读与分析。

✦ 皮书荣誉 ✦

皮书作为中国社会科学院基础理论研究与应用对策研究融合发展的代表性成果，不仅是哲学社会科学工作者服务中国特色社会主义现代化建设的重要成果，更是助力中国特色新型智库建设、构建中国特色哲学社会科学"三大体系"的重要平台。皮书系列先后被列入"十二五""十三五""十四五"时期国家重点出版物出版专项规划项目；自2013年起，重点皮书被列入中国社会科学院国家哲学社会科学创新工程项目。

皮书网

（网址：www.pishu.cn）

发布皮书研创资讯，传播皮书精彩内容
引领皮书出版潮流，打造皮书服务平台

栏目设置

◆ 关于皮书

何谓皮书、皮书分类、皮书大事记、
皮书荣誉、皮书出版第一人、皮书编辑部

◆ 最新资讯

通知公告、新闻动态、媒体聚焦、
网站专题、视频直播、下载专区

◆ 皮书研创

皮书规范、皮书出版、
皮书研究、研创团队

◆ 皮书评奖评价

指标体系、皮书评价、皮书评奖

所获荣誉

◆ 2008 年、2011 年、2014 年，皮书网均
在全国新闻出版业网站荣誉评选中获得
"最具商业价值网站"称号；
◆ 2012 年，获得"出版业网站百强"称号。

网库合一

2014年，皮书网与皮书数据库端口合
一，实现资源共享，搭建智库成果融合创
新平台。

皮书网

"皮书说"
微信公众号

权威报告·连续出版·独家资源

皮书数据库
ANNUAL REPORT(YEARBOOK)
DATABASE

分析解读当下中国发展变迁的高端智库平台

所获荣誉

- 2022年，入选技术赋能"新闻+"推荐案例
- 2020年，入选全国新闻出版深度融合发展创新案例
- 2019年，入选国家新闻出版署数字出版精品遴选推荐计划
- 2016年，入选"十三五"国家重点电子出版物出版规划骨干工程
- 2013年，荣获"中国出版政府奖·网络出版物奖"提名奖

皮书数据库

"社科数托邦"
微信公众号

成为用户

登录网址www.pishu.com.cn访问皮书数据库网站或下载皮书数据库APP，通过手机号码验证或邮箱验证即可成为皮书数据库用户。

用户福利

- 已注册用户购书后可免费获赠100元皮书数据库充值卡。刮开充值卡涂层获取充值密码，登录并进入"会员中心"—"在线充值"—"充值卡充值"，充值成功即可购买和查看数据库内容。
- 用户福利最终解释权归社会科学文献出版社所有。

社会科学文献出版社 皮书系列
SOCIAL SCIENCES ACADEMIC PRESS (CHINA)
卡号：316967215396
密码：

数据库服务热线：010-59367265
数据库服务QQ：2475522410
数据库服务邮箱：database@ssap.cn
图书销售热线：010-59367070/7028
图书服务QQ：1265056568
图书服务邮箱：duzhe@ssap.cn

基本子库 SUB DATABASE

中国社会发展数据库（下设 12 个专题子库）

紧扣人口、政治、外交、法律、教育、医疗卫生、资源环境等 12 个社会发展领域的前沿和热点，全面整合专业著作、智库报告、学术资讯、调研数据等类型资源，帮助用户追踪中国社会发展动态、研究社会发展战略与政策、了解社会热点问题、分析社会发展趋势。

中国经济发展数据库（下设 12 专题子库）

内容涵盖宏观经济、产业经济、工业经济、农业经济、财政金融、房地产经济、城市经济、商业贸易等 12 个重点经济领域，为把握经济运行态势、洞察经济发展规律、研判经济发展趋势、进行经济调控决策提供参考和依据。

中国行业发展数据库（下设 17 个专题子库）

以中国国民经济行业分类为依据，覆盖金融业、旅游业、交通运输业、能源矿产业、制造业等 100 多个行业，跟踪分析国民经济相关行业市场运行状况和政策导向，汇集行业发展前沿资讯，为投资、从业及各种经济决策提供理论支撑和实践指导。

中国区域发展数据库（下设 4 个专题子库）

对中国特定区域内的经济、社会、文化等领域现状与发展情况进行深度分析和预测，涉及省级行政区、城市群、城市、农村等不同维度，研究层级至县及县以下行政区，为学者研究地方经济社会宏观态势、经验模式、发展案例提供支撑，为地方政府决策提供参考。

中国文化传媒数据库（下设 18 个专题子库）

内容覆盖文化产业、新闻传播、电影娱乐、文学艺术、群众文化、图书情报等 18 个重点研究领域，聚焦文化传媒领域发展前沿、热点话题、行业实践，服务用户的教学科研、文化投资、企业规划等需要。

世界经济与国际关系数据库（下设 6 个专题子库）

整合世界经济、国际政治、世界文化与科技、全球性问题、国际组织与国际法、区域研究 6 大领域研究成果，对世界经济形势、国际形势进行连续性深度分析，对年度热点问题进行专题解读，为研判全球发展趋势提供事实和数据支持。

法律声明